KB068308

의미의 시대

일러두기

> 국내에 출간된 책은 《번역서명(원서명)》,
> 미출간된 책은 《원서명(번역)》으로 표기하였습니다.

세스 고딘이 제시하는 **일**과 **일터**의 새로운 돌파구

의미의 시대

세스 고딘 지음 | 박세연 옮김

The Song of Significance

무한의 끝자락에서 춤출 때

언제나 충만하다.

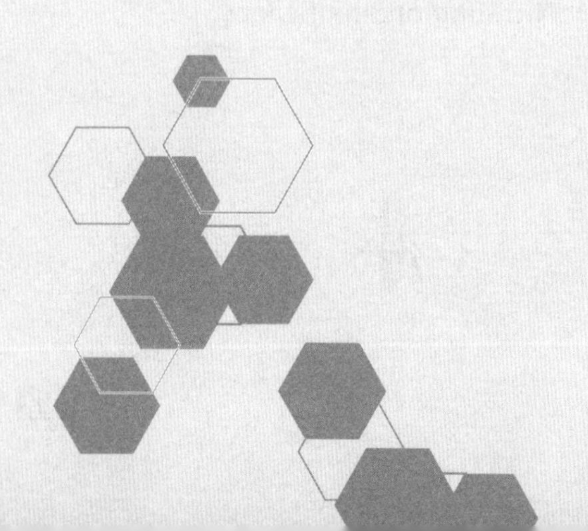

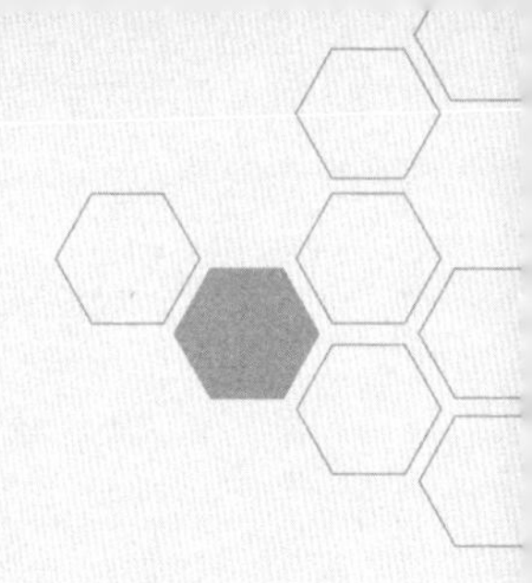

다른 누군가의 기회를
빼앗는 것이 아니라
스스로 기회를 창조하기 때문이다.

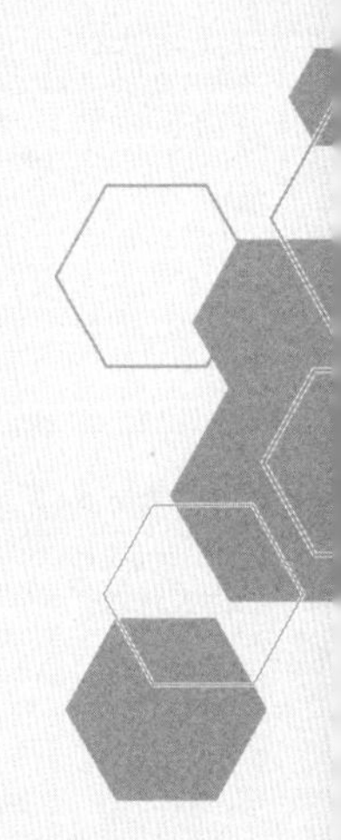

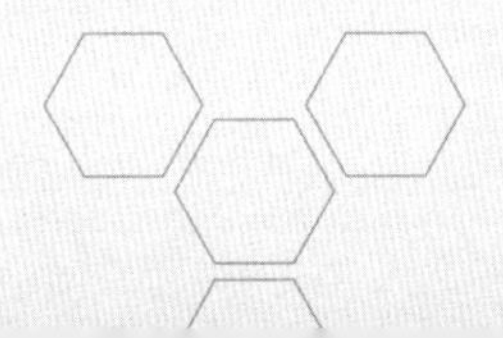

목차

이 책에 쏟아진 찬사

마케팅 구루 세스 고딘은 새로운 시대의 경영을 상징하는 키워드로 '의미'를 꼽았다. 지금까지 산업주의는 통제, 효율, 복종과 감시의 시스템을 통해 고객에게 제품과 서비스의 접근성을 높였다. 그러나 값싼 노동력과 효율은 한계에 직면했고 이제 진정한 가치는 사람의 창조성과 인간성에서 나올 수밖에 없다. 직원들이 권한을 가지고 역량을 개선하며 의미 있는 일에 뛰어들게 함으로써 진정한 변화를 창출하는 것이 의미의 시대 경영이요, 리더십이다. 짧은 글들의 모음이지만 우리가 현재와 미래에 어떤 경영을 해야 할지, 어떤 리더십과 일하는 방식을 가져야 할지 말하는 통찰이 가득한 책이다.

신수정 (KT 부문장, 《거인의 리더십》 저자)

나는 리더로서 나와 함께 일하는 사람들에게, '무엇'을 해야 하는지에 앞서 '왜' 해야 하는지를 이야기하는 데 항상 더 큰 애를 쓴다. 그들이 함께 눈을 반짝이고, 고개를 끄덕이는 바로 그때가 우리의 '일'이 시작되는 순간이다. 삶에서 일이 차지하는 그 많은 순간을 '의미 있는 순간'으로 만들 수 있어야 진정 우리의 삶이 의미를 가질 것이라 믿는다. 의미 있게 일하는 삶을 누리고픈 이에게 우리의 일을 사랑하는 방법을 이야기하는 이 책을 추천한다.

서은아 (Meta 인터내셔널 마케팅 동북아 총괄 상무)

일에서 의미를 찾는 일은 때때로 호사스러운 일로 여겨지지만 나는 그렇게 생각하지 않는다. 의미 있는 일을 해야 일에서 재미를 찾고, 일을 잘할 수 있다. 성과로 인해 마음이 충만해지고 더 나은 일을 도모할 수도 있다. 지금 하는 일이 만족스럽지 않다면 이 책을 읽어보기를 바란다. 당신이 조직을 이끄는 리더라면 이 책은 더 중요하다. 조직 구성원들 모두의 문화에 영향을 미칠 수 있기 때문이다. 문화는 언제나 전략보다 강하다.

장인성 (우아한형제들 상무, 《마케터의 일》 저자)

의미를 찾는 사람은 불편하다. 언제나 왜 일하는지 질문하고 집요하게 문제를 찾으며, 함께 실마리를 풀기 위해 대화하고 갈등한다. 끝없는 감정 노동의 연속이다. 왜 사서 고생을 하냐고? 여기에 그 대답이 있다. 불편함과 손잡고 성장의 바다로 뛰어들 준비가 된 워커들에게 추천한다. 거친 파도를 만날 때마다 세스 고딘의 노랫말이 방향 키를 잡아줄 것이다.

소호 (모빌스그룹/모베러웍스 브랜드 디렉터, 《프리워커스》 저자)

마케팅계의 구루, 세스 고딘의 신작이 나왔다. 마케팅에 관한 책일 거란 예상을 깨고 AI 시대에 조직이 성공하기 위한 새로운 '일의 패러다임'을 제시했다. 'AI 시대, 내가 대체되게 될까?', '일이 자동화될수록 당장 내가 할 수 있는 것은 무엇일까?'라는 질문에 세스 고딘이 전하는 여러 답들. 의미를 탐색하는 인간의 본능은 강력하다. 의미 있는 일을 통해 삶의 목적을 찾고 싶은 이들에게 이 책이 깊은 통찰력과 영감을 줄 것이다.

이승희 (브랜드 마케터, 《일놀놀일》 저자)

1 굳이 할 필요 없는 이야기

관심이 있는 사람이라면 어쨌든 이미 알고 있을 것이다. 일이 제대로 돌아가고 있지 않다는 것을.

당신이 상사라면 아마도 실망하고, 혼란을 느끼며, 극심한 압박을 받고 있을 것이다. 당신이 바라보는 것은 놓친 기회와 허물어진 약속이다. 상사 밑에서 일하고 있다고 해도, 아마도 똑같은 감정을 느끼고 있을 것이다.

문제는 우리에게 있다.

그것은 우리가 몇 년 전 무심결에 내린 판단, 서로에게 강요하고 상황이 힘들어질수록 더 강하게 밀어붙이는 끔찍한 반사작용 때문이다. 우리는 상황을 더 나쁘게 만드는 데 점점 더 능숙해지고 있다.

이 책은 갈림길에 관한, 모두가 내려야 할 의사결정에 관한 짧은 책이다. 우리는 각자의 방식대로 모습을 드러내지만, 선택은 똑같다. 그것은 이끌고, 중요한 일을 만들고, 운좋게도 관심 있는 사람과 함께 창조할 때 나타나는 마법을 발견하는 일이다.

우리는 잘할 수 있다. 그리고 더 잘할 수 있다. 사실 이는 앞으로 나아가기 위해 쓸모 있는 유일한 방식이다. 우리는 누군가 겪었을 최고의 일자리와 모든 소비자가 상상할 수 있는 최고의 경험을 창조할 수 있다. 또한 회복력 있고, 유연하고, 탄탄한 조직을 만들 수 있다.

지금까지 우리는 너무 오랫동안 단조로운 일을 해와서 스스로 정체되어 있다고 쉽게 생각하지만, 얼마든지 더 나은 곳으로 넘어갈 수 있다.

2

우리는 더 잘할 수 있다

우리는 직원과 상사를 실망시킨다. 그리고 그들 역시 우리를 실망시킨다.

그들은 우리에게서, 우리의 일에서 더 많은 것을 요구한다. 우리는 꿈과 에너지를 품고 일하러 가지만 매일 조금 더 지쳐 가기만 한다. 신뢰와 열정으로 일터에 오지만 남는 것은 허무함이다.

우리 팀은 더 잘할 수 있다. 우리의 노력은 영향을 미칠 수 있다. 그러기 위해서는 무엇이 가능한지를 이해해야 한다. 현실을 직시하자. **우리는 얼마든지 이끌 수 있다.**

3

우리가 경험한 최고의 일자리

자신의 직업을 설명할 수 있다면, 오늘 하루는 어떤 모습일까? 그리고 모든 동료가 똑같은 방식으로 느낀다면? 조직의 투자자나 고객, 혹은 구성원이 된다고 상상해 보자.

나는 90개국에 있는 1만 명의 사람들에게 그들이 경험한 최고의 일자리 조건에 대해 설명해 보도록 했다. 다음 페이지의 표는 그들이 자주 언급한 특성이다. 사람들의 대답 중에서 다음 네 가지 항목(복수로 선택할 수 있다)이 압도적으로 많았다.

- □ 나의 성취에 스스로 놀랐다
- □ 독립적으로 일할 수 있었다
- □ 팀은 중요한 것을 만들어 냈다
- □ 사람들은 나를 존중했다

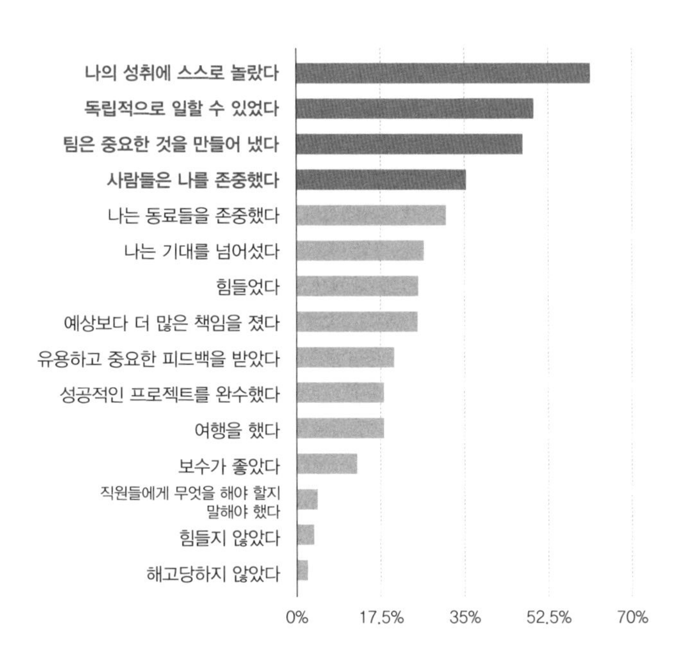

비교 대상이 없다.

그렇다. 우리는 먹고살아야 한다.

그런데 어떻게 먹고살 것인가?

그건 단지 돈에 관한 문제만은 아니다.

세상이 어지러울 때, 건강이 위협받고 장래가 어두울 때, 월급과 생산성만으로는 충분하지 않다.

우리는 어쩌면 스스로 미래를 열 수 없을지 모른다.

그런데 누군가 경험한 최고의 일자리를 창조한다면?

사라졌을 때 사람들이 정말로 그리워할 조직을 세운다면?

우리가 일에 대해 주저함이 없이 이야기를 나눌 수 있다면 우리의 일은 얼마나 더 나아질까?

우리가 한 일을 개선할 수 있다면?

배경 음악이 아닌 모차르트

1장

세 가지 노래

물에 빠지지 않는다면,
당신은 구조요원이다.

4

성장의 노래

긴 겨울이 지나고 따뜻해지면서 꽃이 필 때, 벌집은 활기를 띠기 시작한다. 모든 벌은 질서 있게 일하며 최대한 많은 꿀을 모아 벌집으로 가지고 온다.

그러면 여왕벌 무리는 알을 낳기 위한 특별한 방을 짓는다. 그들은 여왕이 그곳에서 알을 낳도록 하고, 로열젤리로 아낌없이 영양분을 공급하고, 그 알이 또 다른 여왕벌로 자라나게 한다.

이제 성장의 노래를 부를 무대가 모습을 드러낸다. 저자이자 양봉가인 재클린 프리먼Jacqueline Freeman은 꿀벌의 생애 중 사람들이 종종 못 보고 지나치는 마법의 순간을 주제로 글을 썼다.

새로운 여왕벌이 탄생할 때, 기존의 여왕벌을 비롯하여

벌집에 거주하던 절반의 벌들(나이와 경험이 많은 일벌들)이 무리를 지어 떠난다. 수만 마리의 벌들이 순식간에 누구의 통제도 받지 않은 채 함께 날아간다. 그들은 더 작고 어린 벌들과 새로운 여왕에게 먹이로 가득한 집을 내어 주고 떠난다.

무리 지어 날아가는 벌들이 빚어내는 소리는 황홀하다. 무리는 정확하게 어디로 날아가야 할지 알지 못한 채 기회와 성장을 찾아 떠난다. 그리고 수백 미터 떨어진 곳에서 나뭇가지를 발견하고는 밀집된 공 모양으로 뭉쳐 서로의 온기를 유지한다. 그러고 나면 정찰대를 파견해서 80제곱킬로미터에 달하는 지역을 탐색하며 벌집을 지을 새로운 장소를 찾는다.

무리는 며칠 안에 새로운 거처를 정해서 새로운 벌집을 지어야 한다. 아니면 모두 죽음을 맞이할 것이다.

실로 용감한 도전이 아닐 수 없다. 벌들은 협력과 질서, 관계를 통해 아무런 지도 없이 거처를 옮기는 도전을 감행한다. 이러한 성장의 노래가 없다면 벌집은 언젠가 숨이 막혀 시들어 버릴 것이다. 그리고 바로 지금, 많은 이가 비슷한 경험을 하며 살아가고 있다.

5

안전의 노래

물론 인간은 벌이 아니다. 그렇지만 벌과 많은 공통점을 가지고 있다.

생존의 위협을 받을 때, 우리는 앞으로 나아가지 못하고 창조를 힘들어하며 좀처럼 베풀지 않는다.

벌은 인간처럼 벌집의 온도를 37도 가까이 유지해야 한다. 추위가 닥칠 때, 벌들은 함께 웅크려 몸을 떨면서 열기를 만들어 낸다. 더위가 찾아오면 서로 떨어져 공기 순환을 용이하게 만든다. 그러나 외부 환경이 무리의 안전을 위협할 때, 극단적인 온도에 노출된 벌들은 휴면 상태에 돌입해 움직이지도 반응하지도 않는다.

우리 문화에서도 이와 똑같은 모습을 발견할 수 있다. 세계 경기 침체와 팬데믹의 확산이 혁신과 관계를 억누르고 있다. 사람들은 집을 피난처로 삼았고, 긍정적인 전진을 위해 남겨둔 에너지를 대부분 소진해 버렸다.

이와 같은 본능은 일터도 지배하고 있다. 존중과 관심을 받지 못하고 불안을 느낄 때 사람들은 그만두고, 업무 중에 전화하고, 최대한 적게 일하며 단지 잘리지 않기만을 바란다. 적어도 더 나은 일자리를 발견할 때까지 말이다.

피로, 불만족, 끊임없이 이어지는 회의는 생산성을 억누르고 업무에 대한 흥미를 떨어뜨린다. 사람들은 성장이 아닌 안전을 추구한다.

생존 욕구가 충족되지 않을 때, 성장과 가능성을 실현하기 위한 감정 노동이 더 힘겨워진다.

6

의미의 노래

우리를 무력하게 만드는, 안전을 향한 욕망을 어떻게 넘어설 수 있을까?

우리는 업무적인 기대를 저버리지 말아야 한다고 다짐한다. 주어진 일을 처리하는 것 말이다. 우리는 상상을 뛰어넘는 제품과 서비스를 개발하기 위한 거대 시스템을 구축했고, 동시에 그 제품과 서비스를 팔기 위해 결핍에 대한 인식과 시기심을 퍼뜨리고 있다.

꿈과 영혼을 포기하면 사회적 지위와 만족감을 얻을 수 있다고 우리는 서로에게 약속한다. 적어도 포기한 것을 잊어버릴 수 있다고 말이다.

그러나 아마도 반세기 전에는 그 약속이 통했겠지만, 지금은 공허하게 들릴 뿐이다.

우리에겐 대안이 있다. 그것은 또 다른 형태의 성장이자 더 나은 안전이다.

여기서 핵심은 일이다.

그 일은 차이를 만들고, 더 큰 존재의 일부가 되고, 자부심을 느끼게 하는 것이어야 한다.

그리고 그것이 의미의 노래다.

의미의 노래는 자동화나 기계화할 수 없고 외주로 돌릴 수 없는 일을 사람들이 하도록 만든다.

또한 그것은 인류가 함께 불러야 할 노래다.

2장

의미를 향하여

관심 있는 사람들이 창조한
중요한 일

7

사람들은 무엇을 원하는가?

기본적인 욕구가 충족되었을 때, 사람들은 자신이 일에서 무엇을 원하는지를 분명히 알게 된다. 더 많은 스톡옵션이나 더 화려한 사무실이 아니다. 더욱 근본적인 인간의 자율성과 존엄성이다.

자율성은 우리에게 시간에 대한 통제력을 주고 스스로 어디에 기여할 것인지 선택하기를 허락한다. 책임과 권한을 요구한다는 점에서 자율성은 산업의 통제받는 단순 업무와 상반된다. 존엄성은 자율성에서 비롯되며, 우리가 도구가 아닌 인간으로 대접받게 한다. 그리고 일을 통해 존중받고 최대한 친절한 대우를 받게 한다.

그러나 계급투쟁과 갈등으로 점철된 산업 시스템은 우리에게서 자율성과 존엄성 모두를 앗아가고 있다.

8

기업은 무엇을 원하는가?

존 헨리John Henry는 철도 산업에 종사했다. 그는 바위를 폭파하기 위해 구멍을 뚫는 일을 담당했다.

미국 심리학자 닐 밀러Neal Miller는 다음과 같이 말했다.

"증기 드릴 기업의 직원이 작업 현장에 드릴을 가지고 왔을 때, 존 헨리는 드릴을 거부했다. 그는 자기 일에 강한 자부심이 있었고, 기계가 인간의 일을 대체하는 장면을 목격하지 않으려 했다."

헨리는 기계와의 대결에서 승리했다. 적어도 그의 노래에서는 말이다. 그러나 알려진 바에 따르면 그는 탈진으로 사망했다. 너무 많은 희생을 대가로 얻은 그의 승리는 사람들에게 새로운 현실을 보여 주었다. 그것은 그때부터 인간의 노동은 기업가들이 개발하는 기계를 결코 따라잡을 수 없다는 사실이었다.

새로운 기계가 개발될 때마다 자리를 빼앗긴 노동자들은 더 높은 수준의 교육을 통해 기계가 아직 차지하지 못한 일자리로 넘어가야 했다.

2023년인 지금 기계는 호텔에서 일하는 로봇, 주식을 거래하는 알고리즘, 삽화를 그리고 엑스레이를 판독하는 기계 학습 시스템의 영역으로까지 확장했다.

이제 기업이 요구하는 바가 변했다. 갑작스럽게 말이다. 기업은 기계가 (아직까지는) 할 수 없는 반자동화된 업무를 처리하는 값싼 노동력이 아니라 대단히 희귀한 두 가지 자원을 찾고 있다. 그것은 바로 '창조성'과 '인간성'이다.

그 두 가지는 빠르게 변화하는 세상에서 인간을 대하고, 전략을 수립하고, 통찰력을 발견하는 일과 관련 있다.

9 갈림길에서

우리는 선택해야 한다. 지금만큼 그 선택이 확실했던 적은 없었다.

산업 자본주의(산업주의)**는 권력을 이용해 수익을 올리고자 한다.**

시장 자본주의는 문제를 해결해 돈을 벌어들이고자 한다.

산업 자본주의는 기계 시대의 놀라운 생산성으로부터 시작되었다. 먼저 기계를 가동하고 모든 것(노동자와 소비자)을 기계로 전환하면서 사업 규모를 확장한다. 그리고 네트워크 효과와 자연스러운(혹은 억지스러운) 독점을 통합해 권력을 강화한다. 다음으로 다시 그 권력을 휘둘러 정부를 압박함으로써 더 강력한 권력을 창출한다. 이 잔인한 과정에서 상사는 직원을 가혹하게 대하고, 빅테크는 비도덕적인 방식으로 감시하고, 전 세계 공장의 노동자들은 열악한 근로 환경에 직면했다. 기업은 수익을 통해 권력을 추구했다.

권력이 빚어낸 부정적인 결과는 서서히 실체를 드러냈고, 이제 모두가 알아볼 수 있다. 사람들은 기준을 세우거나 타협하고 재조정했고, 결국에는 인간성의 소멸과 그에 따른 기쁨의 상실을 받아들였다. 이러한 과정이 다시 시작될 때, 매몰 비용은 사람들의 기준을 이동시킨다. 그들은 이전에 한 번 받아들였기에 다시 적응하려는 유혹을 느낀다. 그리고 새로운 길을 찾는 대신에 과거의 선택을 두둔하며 오랫동안 살아가고 있다.

다른 한편으로 시장 자본주의는 전 세계적으로 많은 일자리와 가치를 계속해서 창출하고 있다. 이는 문제를 발견하고 해결하는 끝없는 작업이다. 시장 자본주의자들은 소비자에 대해(혹은 대부분 그들의 직원에 대해) 아무런 힘을 갖고 있지 않다. 대신에 그들은 소비자를 위해 급변하는 시장에 노력과 통찰력을 가져다주고 있다.

갈림길은 바로 지금 여기, 이 순간이다. 갈림길을 확인하고 선택할 시간이다. 우리는 함께할 때 더 나은 것을 창조한다. 시간, 노력, 상상력을 투자할 가치가 있는 것을.

10

맥도널드는 안전하다

맥도널드와 같은 패스트푸드 체인점에서의 경험은 언제나 특정한 범주를 벗어나지 않는다. 우리가 소비자든, 직원이든 상관없이 말이다. 매장이 달라도 음식은 같고 가격은 비싸지 않다. 직원들은 몇 시간 동안 분주하게 움직이며 대부분은 개인적으로 막중한 책임을 지지 않는다.

그리고 무엇보다 편리하다. 편의성은 생산성이 높고 소비자 중심적인 산업주의의 핵심이다.

엄격하게 말해서 산업 자본주의는 힘을 발휘하고 있다. 산업 자본주의는 레버리지와 창조성을 만들고, 가격을 낮추며, 제품과 서비스에 대한 접근성을 높이는 과정에서 사람들의 기대를 충족시킨다.

산업이 이룩한 진보가 없었다면 오늘날의 세상은 존재하

지 않을 것이다. 그리고 산업이 제공하는 안전한 일자리는 많은 이에게 생명선이자 살아가기 위한 유용한 방식이다.

또한 기계화의 냉혹한 과정 이면에는 모종의 잔인한 아름다움이 존재한다. 스톱워치, 설문조사, 계산기로 무장한 우리는 다양한 설계와 과정을 통해 정답을 발견해 낸다. 그곳에는 아무런 의심이 없다. 제품은 제품이고 서비스는 서비스다. 여기서 인간성이라고 하는 모든 무작위하고 감정적인 요소는 방정식의 일부가 아니다.

그러나 후기 산업 자본주의는 다르다. 어디서 멈춰야 할지 모른다. 또한 안전을 추구하는 사람들을 포획할 뿐 아니라 의미를 추구하는 이들에게도 족쇄를 채우고 있다.

11 두 길을 동시에 가는 도전

오랫동안 모두를 위한 여지가 존재했다. 안전과 산업 발전의 확실성이 인간성, 변화와 성장, 개인 자율성의 가능성과 공존했다. 우리는 당연히 더 많은 것을 원했고, 기업 비즈니스의 긍정적인 측면이 우리가 경험한 최고의 일자리와 함께했다.

그러나 우리는 스톱워치에 직면했다.

산업 자본주의의 완벽함을 추구하는 이들과 경쟁할 때, 우리는 그들이 우리를 지나치게 평가하고, 표준화하고, 관리할 것이라는 사실을 알아야 한다. 이는 곧 바닥을 향한 경쟁이다.

의미 있는 일은 산업주의가 제거하고자 하는 바를 포함한다.

의미는 불편하다.

우리는 강력한 도구를 개발했다. 의사소통, 생산, 확장을 위한 도구이자 자신의 지혜를 활용해서 다른 이를 위한 가치를 만드는 도구를. 이제 그 도구는 우리가 더 좋은 것을 창조하기 위해 존재한다. 그렇게 선택하기만 한다면 말이다.

하지만 이 도구를 잘 활용하려면 상사, 직원, 소비자로서 우리의 의지가 필요하다. 우리는 새로운 유형의 약속과 다양한 일련의 규칙에 동의해야 한다.

12

극단으로부터 배우기

조직의 극단에서 우리 앞에 놓인 선택지를 알아볼 수 있다.

먼저 모든 근로자를 상시 감시하고, 모든 업무를 최대한 세밀하게 구분하고, 가장 저렴한 업체에 업무를 아웃소싱하는 조직을 구성할 수 있다. 그 조직은 중앙 집중적으로 통제되고, 알고리즘을 중심으로 관리되며, 무자비한 방식으로 결정을 내린다. 그리고 그 조직의 CEO는 일반 직원보다 1만 배나 높은 시간당 임금을 받는다.

다음으로 모든 직원이 참여하고, 업무 일정과 장소를 유연하게 관리하며, 소비자와 밀접한 방식으로 조직 전반에 걸쳐 의사결정을 내리는 조직을 구성할 수도 있다. 이러한 조직은 직원들에게 충분한 보상을 지급한다. 혹은 업무 자체를 보상으로 인식하는 완전한 자원봉사자들의 조직일 수도 있다.

대부분 조직은 이 양극단의 중간에 위치한다. 여기서 기술과 경쟁은 조직들을 첫 번째 극단의 방향으로 거세게 밀어붙인다. 반면 공동체, 변화, 가능성은 조직들을 두 번째 극단으로 몰아간다.

우리는 무엇을 위해 일해야 할지 결정을 내려야 한다. 결핍과 손실을 위해 시간을 보낼 것인지, 아니면 모든 근로자가 경험한 최고의 일자리와 모든 소비자가 경험한 최고의 조직을 구축하는 재생산적인 일에 전념할 것인지 결정해야 한다.

그렇다면 우리는 어떻게 가르치고, 세뇌에서 벗어나게 만들고, 여러 세대에 걸쳐 열심히 구축했던 시스템을 바꿀 것인가? 그 대답은 우리가 선택해야만 한다는 사실에서부터 시작한다.

13

현실을 직시하고 뛰어들자

판매를 주제로 한 메이핸 칼사Mahan Khalsa의 책, 《Let's Get Real or Let's Not Play(현실을 직시하고 뛰어들자)》는 모든 관리자를 위한 메시지를 담고 있다. 한마디로 직원들을 관리해서는 안 된다는 것이다. 그래도 우리가 유능하다면, 직원들과 함께 관리를 할 수 있을 것이다.

직원을 관리하기 위한 자료, 시스템, 조직의 목록은 끝이 없다. 이들은 우리가 살아가는 세상의 모든 것에 깊숙이 자리잡고 있다.

다른 사람들과 **'함께'**, 그리고 다른 사람들을 **'위해서'**. 우리가 하는 일과 관련해 완전히 다른 어휘와 시스템 범주가 존재한다. 이를 일컬어 코칭이나 멘토링 혹은 스파링이라 부른다.

《마케팅이다This Is Marketing》에서 나는 자신의 문제가 아니라 다른 사람의 문제를 해결하기 위해 마케팅을 시작할 때 비롯되는 힘에 관해서 이야기했다. 조직의 리더십에 대해서도 같은 이야기를 할 수 있다.

복싱 코치에게 얼굴을 얻어맞기 위해 체육관을 찾는 사람은 없다. 그러나 어떤 이들은 기술을 연마하기 위해 스파링 상대에게 기꺼이 돈을 지불한다.

차이는 분명하다. 그러나 우리는 이를 소리 내어 말하는 법을 잊었다. 점수도, 체크 표시도, 배지도 없다. 나는 당신을 책임지지 않고 당신을 이용하지도 않는다. 다만 당신이 희망하는 곳으로 갈 수 있도록 환경을 조성할 뿐이다.

당신은 내게 어디로 가고 있는지 그리고 무엇을 원하는지 말한다. 당신은 자신의 의지와 기술 개발에 대해 약속한다. 나는 나타나서 불을 밝히고, 질문하고, 대답하고, 스파링하고, 당신에게 도전할 것이다. 나는 당신이 당신만큼 열정적인 사람들과 한 팀을 이루도록 쉼 없이 노력할 것이다.

우리는 현실을 직시해야 한다.

그렇지 않으면 뛰어들지 말자.

14 일의 유형

생산 활동에 참여한 개인의 창조적인 일이 있다. 공동체와 단체의 일이 있다. 감시하에서 지시에 따르는 산업적인 일이 있다. 그들이 세상에 변화를 일으킬 여정에 참여했기에 무엇이든 기꺼이 감수하는 이의 핵심적인 일이 존재한다.

대기업에서는 혼자 그 세 가지 일을 모두 해낸다. 한 가지 일에서 다른 일로 넘어가며 때로는 단일 프로젝트나 팀에서 일한다.

산업적인 일은 우리가 종종 일에 대해 생각할 때 떠올리는 것이다. 관리자, 생산 라인, 테스트, 검수, 연봉 인상, 보너스, 해고 통지서, 상사 피하기, 조용한 사직quiet quitting(직장을 그만두지는 않지만 정해진 시간과 업무 범위 안에서만 일하고 그 밖의 일은 거부하는 노동 방식 – 옮긴이), 해고다. 산업적인 일이 유일한 유형의 일이 아님에도 불구하고 우리는 그것에만 쉽게 주목한다.

우리는 특정한 상황에서 할 수 있는 모든 것을 검사하고 측정한다. 그리고 직원들을 신뢰해야 할 필요성을 제거해 버린다. 여기서 우리가 하는 일이란 소비자, 특히 중요한 고객의 신뢰를 얻는 것이 전부다.

그러나 산업 시대의 종말과 컴퓨터의 등장은 방정식을 완전히 바꿔놓았다. 도구는 효율성을 높인다. 하지만 가치는 변화로부터, 인간성으로부터 의미와 함께 오는 대단히 드문 형태의 관계로부터 비롯된다.

바로 우리가 관심을 기울이기 때문에 나타나는 감정 노동이다.

15

우리는 어떤 유형의 일을 중요하게 생각하는가?

일은 분명하게도 교육 제도와 채용 업무 그리고 우리의 경영 철학이 기능하게 한다.

그러나 관리와 감시를 기반으로 하는 산업적인 일은 우리가 실제로 꿈꾸거나 관심을 기울이는 대상이 아니다. 아이들이 시험에서 좋은 성적을 거두고, 순순히 따르고, 소비하도록 교육하는 일은 여러 세대가 계속해 왔다. 대체 무엇을 위해서 그랬을까?

주식시장의 성과나 수익성을 들여다볼 때, 우리는 항상 똑같은 대답을 확인하게 된다. 더는 성장과 장기적인 수익이 나오지 않는다. 고객 서비스가 뛰어난 기업은 이미 인간성을 받아들이기 위한 길을 모색하고 있다.

한 세기에 걸쳐 꾸준히 이어진 산업적인 일은 가치를 창조하기 위한 간단한 방법이었다. 생산성은 어제보다 오늘 얼마나 더 빠르고 값싸게 잘할 수 있는지를 측정하는 기준이었다.

컴퓨터와 아웃소싱이 이러한 기준을 바꾸었다.

이제 산업적인 일은 바닥을 향한 경쟁이 되어 버렸다. 비즈니스를 확장하기 위해 기업이 가장 먼저 하는 일은 산업적 활동(뒤로는 생산, 앞으로는 고객 서비스를 포함하는)을 더 값싼 곳으로 아웃소싱하면서 최대한 자동화하는 것이다. 모든 것을 스톱워치를 가지고 사양에 따라 생산할 수 있다면, 왜 굳이 추가 비용을 지불한다는 말인가?

아웃소싱은 원래 더 싸거나 덜 인간적인 것이 아니었다. 그러나 기업가들이 국제적인 경계를 활용해서 그렇게 만들어 버렸다.

선택권이 있을 때, 지친 근로자는 산업적인 일을 회피한다. 다른 누군가가 그들을 최대한 활용할 수 있는 자원으로 정의했기 때문에, 근로자는 노력을 투여하지 않으려 한다. 산업적인 일은 운 좋게도 선택권이 남은 이들에게 첫 번째 선택이 아니라 제일 마지막 수단이다.

실질적인 가치는 더는 생산성이라고 하는 전통적인 기준

에 의해 만들어지지 않는다. 그것은 인간의 상호작용, 혁신, 창조적인 해결책, 유연성, 속도의 힘으로 만들어진다.

우리 모두를 위한 기회는 차이를 만들기 위해 뛰어든 열정적인 사람들이 투자하는 감정 노동에 있다. 이것이 바로 뛰어난 조직이 만들어 내는 경쟁 우위다.

16 의미 있는 조직은 영향력을 창조한다

그들은 돈을 더 많이 번다.

더 유능한 직원을 끌어들인다.

더 많은 삶을 바꾼다.

더 많은 기부를 끌어모은다.

더 좋은 업무 환경을 제공한다.

그리고 영향력을 창조하기 위해서 자기 일을 중단하고 이끌어 가기 시작해야 한다.

핵심은 '더 많이'가 '더 잘'이다.

17 '더 잘'을 향하여

쓸모없어진 시스템의 희생양이 될 필요는 없다.

대신에 바로 여기, 지금 우리에게 주도권을 잡을 새로운 기회가 있다. 변화를 위한 환경을 구축할 수 있는, 사람들이 관계와 존엄성 그리고 가능성을 창조하는 여정으로 뛰어들도록 만들 기회가 있다.

리더십은 기술이자 예술이다. 그리고 리더십은 배울 수 있다.

우리는 함께 이끌어 나갈 수 있다.

이 선언은 단계별 지침도 혹은 단순한 각본도 아니다. 대신에 우리는 무엇이 우리를 여기에 이르게 했는지 바라보고 이해함으로써, 앞으로 나아갈 곳을 그려 봄으로써 발걸음을 내디뎌야 한다.

18 안전의 노래 (합창)

사람들이 물에 빠지고 있거나 혹은 빠질 것 같다고 느끼고 있다면 그런 사람은 아마도 당신의 프로젝트를 잘 해내지 못할 것이다. 세뇌는 강력하고 지배적인 시스템이 진실이 아니거나 일반적으로 쓸모없는 것들을 우리에게 가르침으로써, 문화적이고 지적인 현재 상태를 영속화하고자 할 때 모습을 드러낸다. 일과 학교 혹은 이웃에 대한 기대를 말한다.

세뇌는 아이들만을 대상으로 삼지 않으며 또한 성공에 관한 것만도 아니다. 세뇌는 인종, 계급, 성적 취향, 직무 역할 등 수많은 다양한 기준에 관한 것이다.

공격은 여전히 공격이다. 설령 우리가 그것을 '미묘한 공격'이라고 부른다고 해도 말이다. 그렇기에 먼저 바라봐야 한다. 도움 되지 않는 일을 하면서 보낼 10만 시간에 대해 우리는 과연 무엇을 믿도록 훈련받았는가? 우리는 다른 사람, 진실이 아닌 그들의 꿈과 두려움에 대해 무슨 생각을 하는가? 오랫동안 이어져 왔음에도 우리는 인식조차 못 하고 있다.

사회 부조리의 세대, 계급과 특권이라는 확고한 시스템, 지배적인 시스템의 세뇌, 이 모두는 안정과 안전에 대한 필요성을 증폭시킨다. 산업 자본주의의 트라우마와 높아지는 요구는 많은 이가 보트 밖으로 몸을 내밀고, 이끌고, 변화를 만들어 내는 힘들고도 중요한 일을 하지 못하게 가로막는다.

마치 우리가 식당에 들어가 자리에 앉을 때마다 의자를 잡아 빼는 것과 같다. 그러고서 우리에게 다시 의자에 앉으라고 한다. 이제 더는 믿을 수 없다.

아이러니하게도, 안타깝게도 산업 경영자들은 종종 이러한 불신을 이용해 불안을 조장함으로써 더 많은 복종을 끌어낸다. 그리고 그들은 말한다. "당신은 언제든 해고될 수 있다. 그러니 정신을 바짝 차려라."

그러나 의미 있는 일을 하는 조직에서는 명료함, 전문가 정신, 참여가 가능성의 문을 여는 문화를 창조한다.

의미는 신뢰를 요구한다. 그리고 신뢰는 약속을 지키는 모습으로부터 형성된다.

19

리더는 어디 있는가?

직원들의 말에 귀를 기울이고, 그들에게 성장의 기회를 주고, 공정함과 소속감이 깃든 일자리를 만드는 것과 관련해 수많은 책과 논문이 나와 있다.

경영자들은 이러한 아이디어를 잠깐 시도했다가 이내 포기한다. 그리고는 이렇게 말한다.

"효과가 없다."

"제안을 달라고 요구했지만 아무런 대답도 듣지 못했다."

"스스로 일하도록 요구했을 때, 그들은 숨거나 물러서기만 했다."

왜 놀라는가? 10년 혹은 15년 동안 교육을 통해 사람들을 세뇌하고, 괴롭히고, 처벌하고 이후 직장에서 또 수십 년 동안 그렇게 하고서는 왜 사람들이 다시는 곤경에 처하지 않으리라 생각할 것을 기대하는가?

우리는 두려움, 착취, 강압의 순환 고리를 만든 공범이다. 의미를 위한 여건을 조성하는 일은 쉽지 않다. 쉬웠다면 이미 만들었을 테니 말이다.

20 끊임없이 이어지는 비난

수직적인 경영 시스템에서 상사는 프로젝트 전체를 맡고 이를 구분해서 부하 직원들에게 나눠 준다.

그러면 부하 직원들은 자신에게 할당된 부분을 맡고 이를 더 작은 과제로 구분해서 조직 체계를 따라 그 책임을 다시 하달한다.

문제가 생겼을 때, 상사는 문제가 발생한 부분을 담당한 부하 직원을 질책한다. 그렇게 질책은 계속해서 아래로 내려간다.

그러나 문제를 누구도 분명하게 알지 못하고, 문제는 복잡하고, 시스템은 각각의 부분보다 더 중요하기 때문에, 관심을 가진 이는 자신이 맡은 책임에 대해 긴장한다.

확신할 수 없기 때문이다.

그래서 우리는 올바른 대상을 측정하는 대신에 이상한 대체품을 측정한다. 가령 근무 시간이나 이메일 답변 혹은 회의에서 보이는 카리스마 같은 것들 말이다.

그리고 우리는 비난을 기다린다.

21 편파적이지 않은 대화

조 허드슨Joe Hudson은 실리콘밸리에서 존경받는 비즈니스 코치다. 참여와 리더십에 대한 그의 4단계 접근법은 기술이 아닌 마음의 상태에 따른 것으로 유명하다. 사람들을 이용하기 위한 간단한 방법은 없다. 그러나 관계를 형성하고 성장하게 하는 상호관계에 적용시킬 수 있는 태도와 믿음의 체계는 있다. 이는 우리를 대신해 다른 이들이 노를 젓도록 압박하는 것이 아니라, 함께 항해하도록 만든다.

그는 고객과의 대화에서 '어떻게'와 '무엇'에 관한 질문을 던짐으로써 조직이 나아갈 길을 발견할 수 있다고 말한다. 우리는 그 두 질문을 통해 다른 이들이 무엇을 추구하는지, 그들이 나아가는 곳으로 어떻게 함께할 수 있는지 이해할 수 있다.

"그 고객에 대해 어떻게 생각합니까?" 혹은 "왜 이러한 방식으로 처리하길 원합니까?"라는 질문은 좋은 출발점이다. 이러한 대화를 통해 서로를 이해함으로써 관계가 시작된다.

이어 진정한 질문이 뒤따라야 한다. "내 방식대로 이해하는 방법을 알아봅시다"라는 수사적인 논쟁이 아니라, 발견으로 이어지는 편파적이지 않은 논의가 이어져야 한다.

'**편파적이지 않은**impartial'이라는 용어는 우리에게 많은 가르침을 준다. '**편파적인**partial'이라는 말은 700년 동안 '공공의 혹은 더 거대한 선보다 이기적인 관심에 관한' 것을 의미했다.

관리자가 어떻게 편파적으로 되어 가는지 우리는 쉽게 **이해할 수 있다**. 관리자는 직원들에게 '어떻게'와 '무엇'에 관해 질문하는 대신, 무엇을 하라고 말한다. 관리자는 그들의 상사가 자신에게 부여한 목표와 과정에 집중하기 위해 편파적으로 변하며 보수를 받는다. 그러나 한계 상태를 추구한다면, 즉 여기서 저기로 가는 의미를 추구한다면 우리는 단일 궤도를 달리는 기차를 모는 것이 아닌 발견 모드에 있는 것이다. 지시가 아닌 과정에 존재하는 것이다.

호기심에 대답을 찾고, 시도하고, 결과물을 얻기 위해 질문을 던지는 것은 유혹적이지만 종종 실패로 끝나기도 한다. 우리가 모습을 드러내고, 관계를 맺고자 하는 사람이 우리의 목표를 이해하고 문을 닫기 때문이다. 특히 그 목표가 안전에 관한 그들의 이야기를 위협한다면 말이다.

이런 문제에 대한 대안은 진정한 놀라움으로 대화를 나누고, 그 사람의 이야기 속에서 그와 함께하는 것이다. 놀라움은 문제를 해결하기 위한 설명을 찾지 않는, 결말이 열린 호기심이다.

과정과 원칙은 구체적인 계획을 요구하지 않는다.

우리는 농구 경기를 미리 계획할 수 없다. 그러나 문화와 절차에 집중한다면 선수들이 어떻게 경기가 진행되는지 상관하지 않고 목표를 달성하도록 만들 수 있다.

편파적이지 않은 마음가짐은 우리 문화가 전통적으로 전형적이고 강력한 상사라고 부르지 않는 이들로부터 더 많은 공감을 얻는다. 다른 사람을 여정으로 끌어들이는 능력은 우리가 어떻게 보이느냐보다 훨씬 더 중요하다. 이것은 성별과 인종 혹은 문화적 배경을 훌쩍 넘어선, 본질적으로 인간적인 과제다.

22

중요한 질문

엔지니어, 의사, 카레이서의 일은 쉽게 측정할 수 있다. 그들은 검증된 방식에 따라 일을 수행하는 데 집중한다. 그러나 우리는 무엇이 될 수 있는지에 관한 쓸모 있는 논의에 참여해야 한다.

다음은 우리가 함께 일하려고 할 때마다 던져야 할 질문들이다. 그렇다. 아래 질문들을 던지고, 답변을 받아 적고, 그 답변을 실행에 옮길 가치가 있다.

□ 팀이 추구하는 구체적인 변화는 무엇인가?

□ 변화를 추진하는 과정에서 나의 개인적인 역할은 무엇인가?

□ 변화를 지원하거나 이끌어 가기 위해 무엇을 배워야

하는가?

- □ 누구의 도움을 받아야 하는가? 그리고 누구를 도와줘야 하는가?
- □ 나와 우리 그리고 우리가 책임지는 사람들은 어떤 위험을 감수해야 하는가?
- □ 프로젝트는 언제 시작해야 하는가?
- □ 예산은 얼마인가?
- □ 나는 무엇을 두려워하는가?
- □ 참여한 사람들은 어떤 이익을 얻게 될 것인가?

그리고 일하고 난 뒤 다음의 질문을 던져야 한다.

- □ 제시간에 일을 마쳤는가?
- □ 중요한 약속(소비자뿐 아니라 동료들에 대한)을 했으며 지켰는가?
- □ 더 잘하기 위해 끊임없이 노력했는가?
- □ 혁신을 위한 과정에서 불편함을 추구했는가?
- □ 변화, 과정, 창조에 대한 우리의 생각은 진화하고 있는가?

□ 까다로운 질문을 통해 새로운 통찰력을 얻었는가?

□ 다음에 더 잘하기 위한 쓸모 있는 기준을 발견했는가?

□ 더 많은 가치를 만들기에 충분히 유연한 시스템을 구축했는가?

□ 조직으로서, 개인으로서 성장했는가? 무엇을 배웠는가?

이는 중요한 질문임에도 쉽게 얼버무리고 넘어갈 수 있다. 의미 있는 조직은 이러한 질문을 피하지 않는 반면, 그렇지 않은 조직은 쉽게 외면한다. 규모를 떠나 모든 조직은 이러한 논의를 시작할 수 있지만 애써 외면할 수도 있다.

우리가 이러한 질문을 가지고 이야기를 나누지 못한다면, 과연 스스로 전문가라고 부를 수 있을지 의심해 보아야 할 것이다.

23 시작하기에 앞서

다음 프로젝트로 넘어가기 전에 팀원들과 함께 두 가지에 대해 논의해 보자.

- □ 사전 부검pre-mortem(프로젝트가 실패로 돌아갔다는 가정하에 원인을 미리 검토하는 작업 – 옮긴이)에 대해
- □ 큰 성공에 대해

업무의 모든 단위를 프로젝트라고 생각할 수 있다. 다음에 담당하게 될 고객, 출시해야 할 제품, 투자자와의 통화 등….

이러한 프로젝트가 실패했다고 상상해 보자. 그리고 문제가 될만한 것들을 목록으로 미리 작성해 보자. 무엇이 제

대로 돌아가지 않았던가? 누가 약속한 것을 이해하지 못했는가? 위험은 무엇이었나?

시작하기에 앞서 우리가 받은 최고의 피드백은 무슨 이야기를 들려주는가? 옐프Yelp(세계 여러 도시의 식당과 매장, 병원 등에 대한 평가를 크라우드 소싱 방식으로 수집하는 지역 기반 소셜 네트워크 – 옮긴이)의 고객, 복도에서 다른 부사장과 이야기를 나누는 부사장, 변화된 직원 등 우리가 성공한다면 그들은 무슨 이야기를 들려줄까? 무엇이 그들의 마음을 움직일까?

의도는 우리에게 가능한 미래를 설명하고 이름을 붙일 힘을 실어 준다. 그리고 가능한 미래는 우리가 일하고자 하는 방법을 찾도록 도움을 준다.

의도는 참여, 함께할 기회, 다음에 벌어질 일을 책임질 기회를 요구한다.

24

함께 의미를 향해

이누이트족 사람들은 중요한 길이나 위치에 돌을 쌓아 **이눅슈크**inuksuk를 만들어 표시하는 오래된 전통을 갖고 있다. 이눅슈크란 원래 '인간의 자격으로 행위하는 것'을 의미한다. 이는 집단적인 행위이자 공동체가 창조하는 중요한 프로젝트다. 이눅슈크가 없을 때 우리는 특정한 장소를 놓치게 된다. 그것이 없을 때 (실제로) 길을 잃는다.

임의적인 것도 보편적인 것도 아니다. 이 영토 안에서, 바로 여기에서 정당한 이유로 의미를 가진다.

다양한 유럽 전통 중에서 돌무덤은 이눅슈크와 비슷한 메시지를 전한다. '우리가 여기 있었다'라는 사실뿐만 아니라 '이곳은 주의 깊게 살펴볼 가치가 있다'라는 메시지를 말이다.

행인은 돌무덤에서 돌을 가져가거나 이눅슈크를 무너뜨려서는 안 된다. 우리보다 먼저 이곳에 왔던 이들이 무엇인가를 만들었기에 우리는 이로부터 배우거나 더 추가할 수 있을 뿐이다.

지도를 그리기 전에 나침반

혁명은 변화를 몰고 온다. 처음부터 구체적인 상황을 인식하기는 힘들지만, 다가올 변화의 흐름은 따라갈 수 있다. 흐름은 계속해서 이어지며, 우리가 앞으로 나아가도록 도움을 준다. 산업이나 문화가 따라가야 할 지도를 그리기 위한 구체적인 정보를 충분히 확보하기 한참 전부터 말이다.

우리는 살아오는 동안 컴퓨터의 등장, 인터넷의 발달, 환경 파괴, 산업주의의 종식에 따른 혁명을 목격했다.

세기 중반에 모습을 드러낸 소비자 혁명은 수월했다. 값싸고 편리하게 만들면 성공할 수 있었다.

인터넷이 등장할 무렵, 똑똑한 이들은 다음과 같은 질문을 통해 중요한 의사결정을 내릴 수 있다는 사실을 이해했다. "인터넷은 무엇을 원하는가?" 인터넷 사용자가 아니라 그

네트워크 자체가 원하는 것, 그것은 무엇을 먹고 자라는가?

더 많은 개인 간 연결, 더 넓은 대역폭, 더 많은 선택지를 제공하면(인터넷이 잘하는 일) 무엇을 하든 간에 성공할 수 있었다. 네트워크 효과는 그 신기술이 건드리는 모든 대상을 혁신하는 방식을 이해할 수 있는 징후였다. 케빈 켈리Kevin Kelly는 '기술이 무엇을 원하는가'라는 질문이 대단히 쓸모 있는 북극성이라는 사실을 우리가 깨닫도록 도움을 줬다. 조류란 맞서 싸울 대상이 아닌, 항해를 위한 나침반이라는 사실을 말이다.

지난 몇 년간 기업들은 앞으로 나아가기 위해서 다음과 같은 질문을 던져야 한다는 사실을 확인했다. "지구가 원하는 것은 무엇인가?" 탄력적이고, 가벼운 발자국만을 남기며, 지속가능성이 높은 것(지배와 낭비의 접근 방식과는 상반된)을 구축하는 것이야말로 앞으로 나아가기 위한 유일한 길이다. 이 같은 움직임은 관성을 얻고 있으며, 변화를 몰고 오고 있다. 지구는 우리의 고객이며, 우리가 지구를 위해 일할 때 더 많은 사람이 우리와 함께할 것이다.

이 선언에서 배울 수 있는 것은 간단하다. 규모를 떠나 모든 조직은 다음과 같은 질문을 통해 실질적으로 앞으로 나아갈 수 있다. **"인간은 무엇을 원하는가?"** 우리가 교류하는 사람들에게 무엇이 의미를 창조하는가?

이는 분명히 과거 산업주의자들이 던졌던 질문은 아니다. 인터넷 사업가들이 던진 질문도 아니다. 앞으로 우리가 던져야 할 질문은 주식시장이나 지역의 유통기업 혹은 인터넷 서버의 클라우드를 확장하는 과제에 관한 것이 아니다. 우리는 물품 보관 서비스 창고를 채우거나 그저 시장 점유율을 높이기 위해 여기 있는 게 아니다.

우리는 사람들이 무엇을 원하는지 묻고 있다. 우리는 어떤 변화를 만들어 가야 하는가? 그 변화는 우리가 함께 일하는 사람에게 중요한 것인가?

이 질문에 대한 대답은 다양할 것이다. 그리고 아직 정답은 나와 있지 않다. 다만 나침반, 즉 중요한 것을 바라보는 방식만이 존재할 뿐이다.

이러한 혁명적인 나침반이 가리키는 곳은 독립적이며, 이곳들은 나중에 중첩되고 상호작용할 것이다.

소비자 인터넷 기술이 처음 모습을 드러냈을 때, 그것은 저렴하지도 편리하지도 않았다(1980년에서 1995년 사이에 큰 성공을 거뒀던 이메일을 제외하고). 인터넷을 키우는 일이 일상적인 비즈니스 일부가 된 것은 그로부터 10년 혹은 그 이상의 세월이 흐른 뒤였다. 크고 작은 기업들은 결국 그 흐름을 따라잡았다.

환경에 대한 우려가 큰 조직의 레이더에 포착되었을 때, 대부분의 기업 목표와 상반되는 것으로 보였다. 그러나 오늘날 전기차는 기존 자동차보다 더 높아진 위상, 더 높은 신뢰성, 더 향상된 성능을 보인다. 태양열 발전은 가스나 석유보다 더 싸고 더 효율적이다. 오늘날 거물 기업가들조차 중요한 구성원으로서 지구를 살리는 일에 동참하고 있다.

모든 혁명의 공통점은 '불편하다'라는 사실에 있다. 기업가들이 1998년에 인터넷을 받아들이고, 비영리단체가 접근 방식을 바꿔서 지속가능성을 추구하고, 성공적인 기업이 의미를 받아들이는 것은 상당히 불편한 일이었다. 이러한 흐름은 좀처럼 빠르고 쉽게 일어나지 않는다. 그렇기에 변화는 혁명적인 것이다.

혁명은 주변부에서 시작하지만, 결국 상호작용하는 모든 것을 바꾼다.

3장

경영에 무슨 일이 벌어졌는가?

"봉투가 너무 커서 홈에 들어가지 않는다면 어떻게 할 것인가?"
"봉투를 접으면 해고될 것이다.
그렇다면 나는 그냥 던져버릴 것이다."

_영화 〈허드서커 대리인〉 중

산업주의의 종말과 생산성 하락

2021년 아마존은 이직률이 높아지면서 연간 이익의 4분의 1을 잃었다.

엔가젯Engadget(야후! 산하의 IT 전문 뉴스 매체 - 옮긴이)이 보도한 내부 문건에 따르면, 2021년 아마존은 이 문제로 80억 달러가 넘는 손해를 입었다. 새로 고용한 직원 중에서 3개월 이상 버틴 사람은 세 명 중 한 명꼴이었다.

이직률 문제가 심각해지면서 아마존은 고용할 수 있는 새로운 인력이 바닥나는 것은 아닐지 걱정하기 시작했다. 리코드Recode(미국의 IT 전문 매체 - 옮긴이)가 발표한 문건에 따르면, 아마존은 어쩌면 미국의 여러 주요 도시에서 가용한 노동력의 공급이 완전히 바닥날 위험에 처할 수도 있었다.

아마존의 이직률이 높아진 이유 중 하나는 회사가 근로자

대부분의 승진길을 막아서다. 대학 졸업장이 없는 직원은 좀처럼 관리직으로 승진하지 못했다. 이는 지시를 따라야 하는 사람과 성과를 평가하는 사람의 기준을 자격으로 나누던 산업적 사고방식이 여전히 일선에 팽배했기 때문이었다.

아마존은 미국에서 가장 잘 관리된 조직을 만들어 직원 대부분에게 중요한 판단을 요구하지 않는 시스템을 구축했다. 이로써 의미 있는 변화와 관계를 창조하는 일은 좌절되었고, 곧 거의 불가능해졌다.

기업 경영에 대한 체계적인 접근 방식은 일반적으로 '미국에서 가장 존경받는 브랜드'라고 인정받는 신뢰할 만한 시스템을 구축한다. 소비자들은 포괄적이고 예측할 수 있고 편리한 서비스에 긍정적인 반응을 보인다. 그렇기에 우리는 빅맥과 프라임 배송을 좋아한다. 하지만 빠른 서비스와 저렴한 가격에는 대가가 따르기 마련이다.

27 생산성은 어디로 사라졌을까?

2022년, 미국 노동통계국이 70년 전부터 측정하기 시작한 이래로 연간 생산성이 최대 규모로 떨어졌다.

이 수치가 한 명의 직원이 한 시간에 얼마나 많은 결과물을 만들어 내는지를 의미한다는 점에서, 기업가들은 발표에 큰 우려를 보였다. 연간 생산성이 높아질 때 직원들에게 지급할 수 있는 돈이 더 많아진다. 동시에 경영자들이 주목하듯이 더 높은 수익을 기록하고 유지할 수 있다.

구글의 순다르 피차이Sundar Pichai와 메타의 마크 저커버그Mark Zuckerberg는 직원을 해고하고, 보다 치밀하게 성과를 측정하고, 생산성을 높이는 방안을 마련하겠다고 발표했다.

일론 머스크와 같은 공격적인 인물은 전체 직원의 75퍼센트에 달하는 인원을 해고하고 일명 '말라 죽은 가지'를 정리하면서 남은 직원들이 말을 잘 듣도록 협박했다.

반면 마이크로소프트 최고 경영자 사티아 나델라Satya Nadella는 그러지 않았다. '생산성 편집증productivity paranoia'이라는 용어까지 만든 나델라의 팀은 크리에이터들을 단기적인 차원에서 몰아붙이면 대부분 역효과로 이어진다는 사실을 떠올렸다.

나델라는 이렇게 말했다.

"결국 이러한 방식으로 직원들이 성공하는 데 실질적인 도움을 줄 수 있습니다. 기업이 성공을 거두고 생산성을 높이기 위한 유일한 방법은 직원들이 스스로 권한을 가지고 있고, 기업의 사명을 달성하기 위한 에너지와 관계를 확보하고 있다고 느끼면서 의미 있는 일을 하게 만드는 것입니다."

이들이 상반된 이유는 갈림길에 들어섰기 때문이다.

진실은 단순하다.

제품 생산은 쉽게 측정하고 끌어올릴 수 있다. 그러나 제품 생산 기준과 방식은 인간의 상호작용과 통찰력 혹은 혁신에 아무런 도움을 주지 않는다.

"오케스트라의 지휘자는 소리 내지 않는다. 그는 다른 이들을 강력하게 만드는 자신의 능력을 통해 힘을 얻는다."

_벤 잰더Ben Zander, 보스턴 필하모닉

28

이해관계와 신뢰도

이해관계Stake와 신뢰도를 두 축으로 하는 다음 페이지의 도표를 통해 일을 네 가지 유형으로 분류할 수 있다.

이해관계가 깊고 신뢰도가 낮은 일은 기업가가 지시하는 일, 즉 특정한 기준을 충족시키는 일이다. 테스트, 측정, 감시. 전통적인 경영은 이 사분면에 속한다. 이는 패스트푸드 프랜차이즈를 성공적으로 운영하는 방법이기도 하다. 이 영역에서는 모든 소비자가 중요하며 모든 결과물이 동일해야 한다.

이해관계가 낮고 신뢰도도 낮은 일은 이해관계가 높고 신뢰도가 낮은 일과 비슷하지만 쉽게 아웃소싱을 할 수 있다. 조직이 진지하거나 개인적인 차원에서 받아들일 필요가 없는 일이 여기에 속한다. 1만 개의 이미지 라벨을 붙여야 했을 때 아마존은 메커니컬 터크Mechanical Turk, 즉 누구나 다양한 작업을 통해 푼돈을 벌 수 있는 프로그램을 개발했다. 이러한 일은 이제 AI와 기계학습이 도맡아 하고 있다. 이미지 라벨 작업을 100개의 봇에게 할당하면, 순식간에 처리해 줄 것이다.

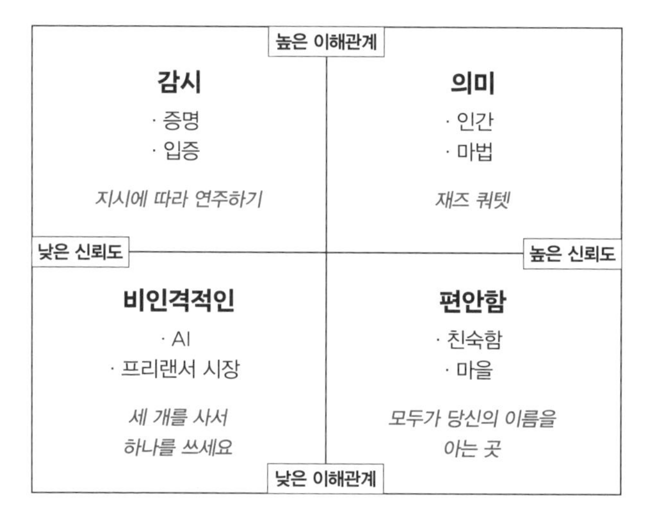

다음 사분면은 이해관계가 낮고 신뢰도가 높은 일이다. 이 영역은 문화 창조와 공동체의 일이며, 또한 전체에 기여하고자 매일 출근해서 관심을 기울이는 사람들의 일이다. 이 일은 일관적이고 인간적이지만 산업적이지는 않다. 전염병

확산, 아웃소싱, 재택근무, AI가 몰고 온 변화가 이 영역의 일을 파괴하고 있다.

그리고 마지막이자 가장 중요한 사분면에는 이해관계가 높고 신뢰도도 높은 일이 차지한다. 의미 있는 일이자 중요한 일, 경계선상에 놓인 일이다. 그리고 사람들과 관계를 맺고 이들을 존중하는 가운데 인간적인 가치를 창조하는 일이다.

이 영역의 일을 산업화하거나, 혹은 창조하도록 압박하는 것은 전혀 도움 되지 않는다. 산업화되는 순간, 다시 바닥을 향한 경쟁이 시작되기 때문이다.

29

바닥을 향한 경쟁

이런 유의 경쟁은 누구도 결코 하고 싶지 않다. 이길 수도 있지만, 운이 나쁘면 2등을 하게 된다. 이것은 기업가가 벌이는 생산성의 경쟁이다. 더 적은 투자로 더 많은 것을 만들어 내는 도전이자 규모에 따른 대중 시장 품질에 대한 도전이다.

바닥을 향한 경쟁 또한 낮은 가격, 평균적인 품질, 인간성 결핍, 단기적인 집중에 풍부한 변명의 여지를 제공한다. 바닥을 향한 경쟁에는 지름길과 약간의 우위를 점하기 위해 진실을 포기하려는 경쟁자로 가득하다.

처음 바닥으로 내려가는 길은 짜릿하다. 조금만 먼저 출발해도 특별한 경쟁력을 확보한 느낌이 들기 때문이다. 매출과 수익 또한 즉각적으로 나온다.

그러나 필연적으로 경쟁자가 등장하면서 경쟁이 시작된

다. 그리고 경쟁에서 이기기 위한, 당신을 애초에 경쟁으로 끌어들인 모든 요소가 순식간에 모습을 감춘다.

"지구는 이제 더 이상 성공적인 사람을 필요로 하지 않는다. 반면 더 많은 중재인과 치유사, 복원가, 이야기꾼, 모든 유형의 사랑하는 사람을 절실하게 요구한다."

_데이비드 오어David Orr

붉은 점에 서 있는 아이에게 내리는 보상

지금으로부터 경쟁의 다음 단계는 훈련이다.

300년도 더 전에 장 바티스트 드 라 살Jean-Baptiste de La Salle은 기독교 학교 형제회Brothers of the Christian Schools를 설립했다. 이는 프랑스에서 처음으로 사회적 지위와 상관없이 아이들을 교육한 학교 중 하나였다. 또한 드 라 살은 세계 최초로 사범대학을 설립하기도 했다.

드 라 살은 학급을 관리하기 위해 성과 및 점수 시스템을 개발했다. 그 시스템에서 아이들은 착하게 행동해야 처벌을 면할 수 있다.

드 라 살은 1900년에 성자의 반열에 올랐다. 그의 이름을 붙인 소행성까지 있었다.

아이들은 점수 시스템에, 특히 보상을 제공하는 시스템에 반응을 보였다. 한 세기가 지난 오늘날 우리는 드 라 살의 혁신이 어떤 결과로 이어졌는지 이해할 수 있다. 초등학교 1학년인 아이가 학교에서 돌아와 그날 상으로 받은 싸구려 플라스틱 장신구를 엄마에게 자랑스럽게 보여 준다.

"점 위에 서서 조용히 있었더니 받았어요. 내일도 오늘처럼 하면 더 큰 상을 받을 수 있어요!"

1학년 학생이 조용히 서 있는 대가로 장난감을 선물 받았다. 이는 아이들에게 복종을 주입하는 방법이다. 그리고 그것은 분명 산업주의가 추구하는 목표이기도 하다.

기업들은 점수를 매기고 행동을 게임으로 바꿈으로써 수익을 창출할 수 있다는 사실을 발견했다. 항공 마일리지나 펠로톤Peloton 순위, 듀오링고Duolingo의 연속 학습. 이 모두는 우리가 무엇인가 중요한 일을 하고 있다고 느끼게 만든다.

하지만 이 입증된 기법은 우리 대부분이 기대하거나 희망하지 않는 방식으로 확산되고 있다.

한 점 위에 가만히 서 있게 하는 것이 과연 아이들을 훈련시키기 위한 방법일까? 이미 우리는 점 위에 너무 오랫동안 서있던 것은 아닐까?

개발자에 따르면, 클래스도조ClassDojo는 미국 초등학교의 95퍼센트가 사용하는 앱이다. 교사와 부모에게 유용한 의사소통 도구를 제공하는 이 앱의 주요 기능은 드 라 살의 아이디어를 기반으로 점수를 부여하는 것이다.

게임화는 우리가 게임에 뛰어들 때 반응하는 동기를 체계화하고 확대한다. 이는 통제와 단기적인 생산성이라고 하는 산업적 체제를 위한 훈련이다.

에이드리안 혼Adrian Hon이 《You've Been Played(당신은 게임에 참여했다)》라는 책에서 지적한 것처럼, 이제 모든 것이 게임화되고 있다. 우리에게 필요한 실질적인 논의는 좋은 게임화와 나쁜 게임화, 유용한 게임화와 교묘한 게임화, 마술적인 게임화와 진부한 게임화를 구분하는 것이다.

혼은 한 부모의 말을 인용했다.

"제 딸은 전부 A학점을 받고 착하게 행동합니다. 그리고 교사들 모두 우리 아이에 대해 좋은 말만 합니다. 그러나 이틀 만에 아이에게서 부정적인 영향을 확인했습니다. 점수를 걱정한 아이는 집으로 돌아와 점수를 따기 위해 무엇을 해야 할지 물었고, 오늘 아침에는 실수를 저질러 점수를 잃을지도 모르니 학교에 가지 않아도 되냐고 물었습니다. 고작 여섯 살 아이가 말이죠."

교사가 클래스도조 시스템을 사용해 학생의 감정적 참여를 확대하고, 주의 분산을 줄이고, 교실 내 휴대전화 사용을 막을 때 학교에서 부모, 교사, 학생 대부분의 목표에 도움을 주지 않는다고 주장하기는 어렵다.

그러나 그렇다고 해서 학교가 100점을 맞은 아이에게 음료수를 보상으로 주면, 조용히 이를 따르고 간단한 대가로 더 많은 점수를 얻으려 하는데, 그것이 교직원을 제외하고 누구에게 도움이 되는지 이해하기 어렵다.

클래스도조는 영향력을 강화하기 위해 시스템을 업그레이드하는 과정에서 오디오 피드백도 추가했다. 이로써 어린 학생이 벌점을 받을 때, 교사는 그 사실을 학급 전체에 알릴 수도 있다.

조만간 모든 동기부여는 자율적인 동기부여가 된다. 점수는 우리가 누구에게 반응하는지 혹은 반응을 중단하는지의 일부가 된다. 만약 우리가 반응을 중단한다면, 더 강력한 권력을 추구하는 외부 세력은 점수를 더 높일 것이다.

오늘날 우리는 게으른 점수 관리자에게 조종당하고 있다. 이것은 수익과 통제, 무엇보다 인간적인 관계를 외면하기 위한 지름길이다. 일과 학교, 우리의 여가는 영혼이 아닌 기업을 먹여 살리는 행동에 보상으로 지급되는 조그마한 선물들로 이루어진 끝없는 쳇바퀴가 되어가고 있다.

플라톤은 국가가 아이들을 이른 나이부터 가르쳐야 한다고 주장했다. 그리고 아이들이 상상력을 발달하게끔 내버려두어서는 안 된다고 말했다.

"서로 달라진 아이들은 다양한 형태의 삶을 요구할 것이며 새로운 제도를 원하게 될 것이다."

당신의 온라인 팔로워는 몇 명인가? 얼마나 많은 사람과 어울리는가? 오늘날의 점은 바로 이곳이다. 가서 그 위에 서라.

31

더 나은 스톱워치를 찾아서

2022년에 아마존은 콘택트렌즈 감시 기술을 한층 더 향상시켰다. 덕분에 AWSAmazon Web Services(아마존 웹 서비스)를 사용하는 수많은 기업이 그 기술을 이용하게 되었다. 콘택트렌즈란 인공지능의 기계 학습 알고리즘으로, 모든 고객 서비스 문의를 접수한다. 고객이 사용하는 단어를 이해할 뿐 아니라, 목소리와 불규칙한 호흡을 분석해 고객의 스트레스 수준까지 추적한다.

〈엔가젯〉은 AWS의 CEO인 애덤 셀립스키Adam Selipsky의 말을 인용했다. "콘택트렌즈는 고객 센터 관리자들이 문제를 파악하고 고객들에게 조언을 제공하는 데 필요한 시간을 줄여 준다."

다른 방식으로 표현하자면, 관리자를 고용하고 훈련하는

방법보다 감시하는 방법이 더 쉽다는 것이다. 분명하게도 더 편리하고 안전하다는 느낌이 든다.

'당신의 통화는 감시받을 수 있다.' 우리의 예상과는 달리, 감시는 언제나 모든 통화에서 이루어진다. 나는 통화 응대가 업무인 근로자의 직업(혹은 삶의) 만족도가 어느 정도인지 궁금하다. AI가 더 똑똑해지고 기계 학습이 더 많은 데이터를 흡수함에 따라 감시 시스템은 모두에게 다가올 것이다.

산업 시스템이 우리의 일상을 감시할 수 있게 되자마자 말이다. 예외는 없다.

32 위대한 조직의 반감기

US스틸, IBM과 같은 기업은 위대한 기업으로 도약할 것이라 수십 년 동안 기대받았다. 그들은 혁신을 이해했고 오랫동안 혁신을 산업화하고 최적화했다.

그러나 세상이 돌아가는 속도가 빨라지면서 첨단기술이 한물간 기술로 전락하는 반감기 또한 점점 더 짧아지고 있다.

지금 우리를 이곳까지 데려온 것이 미래에 우리를 그곳으로 데려가지는 못할 것이다.

이러한 이유로 스티브 발머Steve Ballmer가 이끈 마이크로소프트는 검색엔진과 스마트폰, 소셜 네트워크, 클라우드 컴퓨팅 분야에서 기회를 놓치고 말았다. 그들은 기술 분야의 거대한 10년 동안 벌어진 네 가지 거대한 변화를 고스란히 흘려보냈다.

드높은 지위를 가졌던 마이크로소프트는 불명예스러운 이름으로 추락했다. 이후 새로운 세대의 리더들이 조직을 재건하고 나서야 반등의 기회를 엿볼 수 있었다. 발머는 언제나 의미보다 편리함을 선택했다.

지시를 따르라고 고용한 직원이 혁신과 핵심적인 가치 창조에 이바지하는 경우는 대단히 드물다.

33 총자산이익률

부동산, 기계, 금융 자산, 다음으로 인간의 이익률….

이 계산은 흥미로우면서도 단순하다. 경쟁자가 있다면 소유한 모든 자산으로부터 수익을 쥐어짜야 한다. 아니면 경쟁자가 당신을 밀어낼 것이다. 매대 공간과 이메일 목록, 공장을 돈으로 만들어야 한다. 통제와 레버리지, 확장을 향한 경쟁과 다름없다.

하지만 직원들을 쥐어짠다면, 종종 그들은 목소리를 높이거나 아니면 회사를 그만둘 것이다.

세상은 변했다. 직원들은 다른 일자리를 비롯해 존중, 임금과 관련한 정보를 더 많이 얻는다. 그렇기에 손익분기점을 향해 기계를 밀어붙이는 것처럼 직원들을 고문할 수 없다.

또한 사람들은 정보를 통해 더 많은 인간적인 통찰력과

다른 가능성에 기여할 기회를 발견한다. 원격 근무는 이를 훨씬 더 쉽게 만든다. 집을 나서지 않고서도 일할 수 있는 곳이 무한에 가깝기 때문이다.

마지막으로 규모와 정보 교환의 결과, 인간 이외의 자원을 활용함으로써 얻을 수 있는 이익은 대부분 소진되었다. 우리가 경쟁자들과 똑같은 업체에게 모든 것을 아웃소싱할 때, 경쟁자들과의 동질성이 쉽게 드러난다.

결과적으로 함께 일하는 이들의 행동 방식에 변화가 생겼다. 다시 말해 이제는 직원이 말 잘 듣는 기계가 아닌, 인간처럼 행동하기를 원한다.

34

노동의 자유시장 교환

경쟁자의 목표는 거래 성사다. 그들은 우리의 시간에 돈을 지불하고, 최대한 많은 것을 뽑아낸다. 그러던 그들도 어느 순간 사라진다. 이렇게 시장이 돌아간다.

여기에는 어떠한 관계도, 신뢰도, 인간성도 없다. 단지 인간이라는 자원으로부터 뽑아내는 행위만 있다.

물론 영혼을 가지고 선택권이 있고 인간성을 추구하는 이들은 기업의 거래라는 개념에 발끈할 것이다.

"내가 당신에게 무엇을 빚졌는가?"라는 질문에 캐나다 작가인 마거릿 애트우드Margaret Atwood는 이렇게 답했다.

"그 대답은 절대 '아무것도 없다'가 아니다."

우리는 직원들에게 빚지고 있다. 동료에게 빚지고 있다. 그리고 상사에게 빚지고 있다.

일은 우리의 에너지와 꿈의 표현이다. 우리가 원하는 존엄과 유대감을 여정을 함께하는 이들에게 빚지고 있다.

35

킨코스와 슬리피스

수직적 복종 체계를 대체할 대안이 있다. 폴 오팔라Paul Orfalea가 킨코스Kinko's(나중에 20억 달러가 넘는 돈을 받고 페덱스에 매각했던)를 설립할 무렵, 그는 비즈니스를 키우기 위한 자신의 비결이 단순하다고 말했다.

매장 한 곳에 들어가 직원에게 성공적인 혁신에 관한 이야기를 들려 달라고 부탁한다(그러고 나서 그 이야기를 모든 다른 매장과 공유한다).

만일 그 직원이 혁신에 대해 아무런 이야기를 하지 못한다면, 폴은 더 노력해야 한다고 말한다.

다음으로 해리 애커Harry Acker가 슬리피스Sleepy's(그의 아들이 10억 달러에 가까운 돈을 받고 매트리스 펌Mattress Firm에 매각했던)를 설립했던 무렵, 그는 비즈니스를 키우기 위한 자신의 비결은 매일 모든 매장에 전화를 걸어 "뭐가 문제입니까?"라고 묻고 그 문제를 해결하는 것이라고 말했다.

만일 매장 관리자가 공유할 만한 문제가 없다고 대답한다면, 문제에 봉착한 것이다.

두 방법은 동전의 양면과도 같다. 이를 통해 당신의 팀에서 무슨 일이 벌어지고 있는지 파악할 수 있다.

4장

이번에는,
의미와 함께

“할 수 없다고 말하는 이들이 하고 있는 이들을 가로막아서는 안 된다.”

__카트린 얀센Kathrin Jansen

36

우리가 함께 노래할 때

의미가 선택 사항이라면, 조직들은 이미 그 선택을 하고 있다.

혁명은 완벽을 허물어뜨리고 불가능을 가능케 한다. 신문, 여행사, 택시 회사, 대면 회의…. 한때 불가능하다고 여겨졌던 제품과 서비스에 거의 하룻밤 새 대체된, 과거에는 완벽했던 산업 제품과 상호작용 목록이 아주 길게 존재한다.

의미의 혁명은 산업주의의 상업적 권력을 무너뜨리고, 10~20년 전에는 상상조차 하기 어려웠던 조직을 구축하도록 우리를 밀어붙이고 있다.

워드프레스WordPress 생태계에서 높은 수익을 올리는 민간 기업, '오토매틱Automattic'을 한번 생각해 보자. 오토매틱에서 근무하는 2,000명이 넘는 전일 근로자들은 모두 자신이 좋아하는 장소와 시간을 선택해서 일할 수 있다. 이렇게 분산된 준자율적 노동력은 가장 높게 평가받고 세계에서 가장 잘 기능하는 소프트웨어를 개발했다. 그 과정에 있는 산업 경영의 전형적인 제약들에서도 자유로웠다.

분명하게도 의미 있는 조직들은 웹사이트, 오케스트라, 소프트웨어 등 분야를 넘어 모습을 드러내고 있다.

가장 성공적인 정치 캠페인은 빠르게 성장하는 비영리단체, 미시간주 앤아버에 있는 인기 있는 샌드위치 매장과 비슷한 방식으로 움직인다.

관리가 바닥을 향해 경쟁하는 반면, 리더십은 정상을 향해 달릴 기회를 제시한다. 차이는 명백하며 직원과 소비자, 기업에게 주어지는 이익 또한 분명하다.

의미 있는 조직은 얼마든지 식품을 판매하고, 소프트웨어를 개발하고, 도자기 만드는 법을 강의하고, 옷을 재봉할 수 있다. 중요한 것은 무엇을 만드는가가 아니라 어떻게 만들기로 선택했는가이다.

당신이 경험한 최고의 일자리를 만들기 위해 충분히 관심을 기울인다면, 당신의 팀이 알아차릴 것이다. 그리고 직원들이 자랑스러워할 무엇인가를 개발하기 위해 충분히 관심을 기울인다면, 시장이 알아차릴 것이다.

37

느슨한/긴밀한 특성

톰 피터스Tom Peters와 밥 워터먼Bob Waterman은 30년 전에 글을 썼다. 의미 있는 조직을 구성하는 일부 요소는 감시와 얕은 신뢰도를 바탕으로 긴밀하게 통제된다. 단지 이해관계가 매우 높고 품질을 쉽게 측정할 수 있기 때문이다. 다른 요소들은 업무에서 최고의 판단을 내릴 것으로 기대하는 인간을 바탕으로 느슨하게 통제된다.

인도의 아라빈드 아이케어 시스템Aravind Eye Care System 병원은 세계 어느 곳보다 더 많은 사람의 시력을 회복시켰다. 수천 명에 달하는 직원의 열정적인 노력 덕분에 수백만 명이 세상을 볼 수 있게 되었다.

이곳의 환자들에게는 선택권이 있다. 백내장 수술을 받기 위해 몇백 달러를 지불할 수도 있고 그냥 무료로 받을 수도 있다. 그럼에도 많은 환자가 돈을 내는 쪽을 선택하기에 아라빈드는 전반적으로 자체 운영이 가능하다. 이 병원의 문화는 두 가지를 말해 준다.

1. 수술 시 감염률 혹은 실패 확률이 매우 낮다. 오히려 런던에서 받는 비슷한 수술의 감염률이 더 크다.
2. 환자는 지불하는 금액이나 지불 여부에 상관없이 양질의 치료를 받는다.

전 세계의 많은 의사가 아라빈드에서 교육을 받는다. 이곳에서 대단히 많은 수술이 이루어지기 때문이다. 아라빈드는 기능과 원칙, 기술을 배우기에 더없이 좋다. 수술실은 엄격한 절차에 기반을 두며, 개선 여지를 거의 남기지 않는다는 매우 뚜렷한 특징이 있다. 동시에 아라빈드는 모든 직원이 혁신을 추진하고, 인간적인 방식으로 교류하고, 병원을 치유와 관계의 공간으로 만드는 데 최선을 다하도록 격려한다. 환자들은 아라빈드에 어떻게 왔는지와는 상관없이, 존중과 존엄으로 치료받는다. 중요한 점은 모든 방식이 의도적으로 이루어진다는 사실이다.

38

카펫은 힘든 비즈니스

1973년에 레이 앤더슨Ray Anderson은 악조건 속에서 카펫 사업을 시작했다. 카펫을 생산하기 위해서는 라텍스와 나일론, 뜨거운 열기와 고된 노동이 필요하다. 그리고 무엇보다 카펫 사업은 공산품 산업, 즉 이윤이 낮은 가격 중심적 산업이다.

레이는 열정적이었다. 그는 20년의 세월에 걸쳐 대형 사무실을 대상으로 카펫타일을 판매하면서 자신의 회사 인터페이스Interface를 미국 카펫 시장의 일인자로 만들었다. 그는 사소한 매출도 무시하지 않고, 어떤 조그마한 생산성 개선 사항도 간과하지 않았다. 인터페이스의 CFO는 매년 주당 70시간을 일했다.

1974년, 레이는 캘리포니아의 한 고객이 '환경적인 우려' 때문에 카펫 구매를 포기했다는 이야기를 들었다. 이후

레이는 폴 호켄Paul Hawken이 쓴 놀라운 책을 들여다봤고, 자신의 기업을 비롯해 너무나 많은 기업이 환경에 엄청난 피해를 끼친다는 사실을 처음으로 깨달았다.

레이는 기업 경영진과 함께 모였다. 그들은 비용과 수익 면에서 사업의 최적화 방법을 이해하는 현실적인 산업 관리자 집단이었다. 레이는 경영진들에게 앞으로 지구를 괴롭히는 일을 중단하고, 대신 다른 기업들의 모범 사례가 되겠다고 말했다. 그리고 유지가능성이라는 높은 산을 오르면서도 수익성을 유지하기 위해 사업 전반을 새롭게 구축하겠다고 발표했다.

하지만 그 구체적인 방법까지는 알지 못한다고 했다. 그는 다만 이렇게 말했다.

"우리는 OOOO년까지 '유지가능성'이라는 목표를 달성할 것입니다."

그리고 문제를 해결하기 위한 권한과 중요한 과제를 처리할 책임을 경영진에게 부여하고 회의실을 떠났다.

오늘날 인터페이스는 탄소 중립성을 넘어 탄소 네거티브carbon-negative, 다시 말해 생산 과정에서 배출하는 탄소보다 더 많은 양의 탄소를 흡수하는 카펫타일을 판매한다. 에너지를 태우는 대신 에너지를 생산한다. 이 이야기의 핵심은 인터페이스가 기후에 미친 영향이 아니다.

이후 인터뷰에서 인터페이스 경영진을 비롯한 일선 직원들은 사업을 새롭게 구축하는 과정에서 그들 모두가 달라졌다고 증언했다. 그들은 업무를 경력으로 전환했다. 그리고 신기술을 배웠고 리더로 성장했다. 레이의 도전은 돈을 벌기 위한 힘든 노동을 의미 가득한 삶으로, 즉 월급을 넘어 의미 있는 이야기를 들려 주는 삶으로 바꾸었다.

레이 앤더슨은 용감했다. 하지만 진정한 영웅은 그의 팀이었다.

카펫 기업이 이런 일을 이루어 낸다면, 우리는 무엇을 성취할 수 있을까?

39

준수와 변화

관리자는 준수를 강조한다. 산업적 진보를 일구고 생산성을 높여 수익을 창출하며, 이를 위해서 어제의 일을 좀 더 빠르고 값싸게 처리해야 한다.

반면, 리더는 사람들이 변화를 이끌어 나가도록 여건을 조성한다. 리더는 권한을 요구하지 않으며, 중요한 일이라는 여정에 참여한 이들 사이의 신뢰, 관심, 관계를 조율한다.

가장 쉬우면서도 최고의 결과를 올릴 수 있다는 생각은 다분히 유혹적이다. 사람들에게 존엄과 관계, 흥분을 약속한 뒤 규율을 바탕으로 당신이 원하는 일을 강요하는 것 말이다.

이제 이런 방식은 예전만큼 효과가 있지 않다.

과자를 안 주면 장난칠 거예요

기업가들의 거래는 단순하다. 그들은 직원들에게 지시에 따르면 보상을 받을 것이라고 말한다. 핼러윈의 아이들처럼 요구는 간단하다. 찾아가서 "트릭 오어 트리트Trick or treat"("과자를 안 주면 장난칠 거예요." 핼러윈에 아이들이 집마다 돌아다니며 하는 말 – 옮긴이)이라고 말하면 사탕을 받는 것이다.

그러나 지금까지 우리는 많은 약속과 노력을 지켜봤지만, 사탕을 충분히 얻지 못했다. 직업 만족도는 떨어졌다. 상승 이동은 정체되었다. 소득 격차는 높아졌다. 복지는 근무시간과 스트레스, 해고의 문제를 따라잡지 못한다.

이제 사람들은 더는 약속을 믿지 않는다. 기업가들은 자신들의 요구가 공정한 거래인 척할 수 없다는 사실을 깨닫고 있다.

41

인적 자원에 관한 문제

토지는 최초의 자원이었다. 토지에서 더 많은 옥수수를 생산하면 더 많은 돈을 벌 수 있었다.

다음으로 기계가 자원이 되었다. 기계를 효율적으로 만들면 더 많은 돈을 벌고 더 많은 기계를 사들일 수 있었다.

그 뒤의 자원은 금융 자산이었다. 높은 수익률을 추구하고 이를 1000분의 1 단위로 측정하면 더 많은 것을 얻을 수 있었다.

마지막으로 우리가 함께 일하는 사람이 등장했다. 그들은 동료가 아니었다. 그들은 자원이었다.

필요하다면 그들을 괴롭혀야 했다. 시스템이 요구했기에 그렇게 해야만 했다. 바닥을 향한 경쟁에서는 통제 기술이 가장 뛰어나고 도덕 기준이 가장 낮은 경영자가 승리했다.

우리 사회는 경영자가 직원을 바라보는 시선이라고 하는 추한 진실을 화려한 미사여구로 포장했다. 그렇다고 현실이 바뀐 게 아니다. 인간이 자원이라면 기업은 인간을 쥐어짜기 위해 존재하는 것이다.

이같은 접근 방식은 괴롭힘, 탈진, 학대, 기회가 아닌 부조리, 부당함에 기반한 시스템으로 이어진다. 경영자와 산업주의는 근로자를 '함께' 존재하는 대상이 아닌, 그야말로 '대상'으로 바라본다.

이제 상황을 바꿀 시간이다. 인간을 영혼 없는 기계 속 톱니로 대하는 것이 아닌, 함께 이끌어 나갈 때 조직은 가치를 창조하고 변화하고 차이를 만들 수 있다.

42

세상을 바꾼 2년

어쨌든 변화는 일어났을 것이다.

헨리 포드Henry Ford가 프레더릭 테일러Frederick Taylor를 만났을 때, 미래는 정해졌고 힘을 얻었으며 더 높은 수익성으로 이어졌다.

1909년 텍사스에서 발견된 한 유정이 한 세기에 달하는 값싼 석유의 시대를 열었다. 석유는 권력과 부를 창조하는 연료였다. 공장에 혁신을 가져왔던 테일러는 《The Principles of Scientific Management(과학적 관리법)》을 출간했다. 이는 인간을 기계로 바라보고, 더 효율적이고 고분고분한 장비로 바라보는 선언이었다.

그리고 헨리 포드는 1911년 미시간 하이랜드 파크에 모델 T 공장을 세우고 있을 무렵, 테일러를 만났다.

바야흐로 인적 자원이 탄생했다.

값싼 석유, 효율적인 기계, 순종적인 인간은 엄청난 수익을 창출했고 우리는 그것을 탐닉했다.

기계로 전락한 인간

헨리 포드는 높은 생산성을 인정받아 스탈린과 히틀러로부터 메달을 받았다. 반면 프레더릭 테일러는 헨리만큼 유명하지 않았다. 그는 자신의 이름을 딴 기업을 설립하지는 않았다. 다만 산업 종사자 모두가 이해하는 시스템을 더욱 명료한 형태로 만들었다. 사람들은 경영을 '발명'했다고 생각하지 않는다. 경영은 원래부터 존재한다고 믿었다. 하지만 경영은 자신이 무슨 일을 하는지 정확히 이해하는 기업가들이 의도적으로 개발한 결과물이다.

초창기 포드 공장을 방문한 한 사람은 이렇게 썼다.

"모든 직원이 통제된 단순한 움직임과 뒤틀림, 경련 혹은 떨림에 갇힌 듯 보였다. 인간이 그처럼 완벽한 자판기 신세로 전락할 수 있다는 생각은 그때까지 해본 적이 없다. 그래서 나는 그들 몸에 철사나 벨트가 숨겨져 있는 것은 아닌지 유심히 살폈다. 시계처럼 정확하게 움직이는 모습에 놀랐기 때문이다. 나는 에너지가 어떻게 사람들에게 전달되는지 알 수 없었다. 무엇보다 직원들이 단순한 동작만 하기로 동의했다는 사실이 잘 이해가 되지 않았다. 혹시 그들이 잠자는 동안 그들의 아내가 태엽을 감은 것은 아닌지 의심이 들었다."

이는 고대 역사가 아니다. 그리고 자동차 기업에만 해당하는 이야기도 아니다. 불과 30년 전, 현대적인 리바이스 청바지 공장을 방문한 한 사람은 이렇게 말했다.

"공장을 돌아다니는 동안 세밀한 분업화에 충격받았다. 각각 단순한 작업을 맡은 여섯 명의 봉제공이 바지에 주머니를 다는 일을 하고 있었다. 그리고 작업자 대부분이 매시간, 매일 그리고 매년 똑같은 일을 했다."

분업화와 경영 방식은 의사와 음향 엔지니어, 심지어 소셜 미디어 속 개인까지 확산되었다. 이런 현상은 바닥을 향해 경쟁할 때 벌어지는데, 인간을 사람이 아닌 자원으로 인식하고 공장(그 형태와 상관없이)이 최고의 단기적 효율성을 위해 자원을 사용하게 강요한다.

어떻게 그들이 내가 원하는 대로 움직이게 만들까?

대신에 우리는 이렇게 물어야 할 것이다.

'사람들이 의미 있는 일을 하게끔 만드는 환경을 어떻게 조성할 수 있을까?'

관리는 권력과 권한을 휘둘러 원하는 것을 얻어내는 행위다. 사람들이 버거를 뒤집고 택배를 배송하고 전화에 응답하도록 함으로써 말이다.

반면 리더십은 의미 있는 가치를 창조하는 기술이다. 관리는 지금껏 효과적으로 기능해 왔다. 유능한 경영자들은 100년이 넘는 세월 동안 꾸준한 산업 성과와 쓸모 있는 제품, 안정적인 수익성을 창출했다.

포드의 관리는 효율적으로 이어졌다. IBM도 그랬다. 오늘날 우리는 동네 피자 가게가 저렴한 가격에 따뜻한 피자를 배달해 줄 것이라고 기대한다.

그러나 관리는 이제 종말에 다다랐다.

인간은 자원이 아니다.

인간은 도구가 아니다.

인간은 핵심이다.

45

기회의 문을 열다

다음은 모든 이야기의 핵심이다. 이 선언은 기회와 위험, 즉 문화를 이끌고, 교육을 체계화하고, 중요한 일을 하기 위한 우리의 역량을 위축시키는 숨은 두려움을 드러내려는 것이다.

한 부분밖에 읽을 시간이 없다면, 다음을 선택하자.

의미의 관대한 대담성

우리는 두려움 속에서 살아간다. 태곳적 두려움 속에서. 고립과 거부, 육체적 위험의 두려움 속에서. 우리는 두려움에도 '불구하고'가 아니라, 바로 두려움 '덕분에' 진화에서 살아남았다. 마을은 안전을 제공한다. 마을 지도자를 향한 도전은 위험한 일이다. 불빛 외부에 있는 미지의 것은 피해야 한다.

오늘날 세상에서도 이러한 태곳적 두려움이 그대로 남아 우리를 지금까지도 괴롭히고 있다니 아이러니하다. 기업가들은 이 약점을 간파하고 극대화했다. 두려움은 우리의 일을 망치고, 우리가 원하는 것을 파괴하며, 우리가 완전한 인간으로 존재하지 못하게 가로막는다.

라이터스 블록writer's block(아이디어가 떠오르지 않아 글을 쓰지 못하는 현상 – 옮긴이)과 더 많은 회의, 메모, 상사의 평가, 시장에 대한 두려움, 현재 상태를 향한 집착. 이 모두는 우리가 저항하고 있음을 나타내는 신호다. 다시 말해 우리를 얼어붙게 만드는 태곳적 두려움의 증상이다.

그리고 산업 관리자들은 오랫동안 여기에 편승해 모든 독립적인 존재를 제거하고, 지시 내리고, 스톱워치와 해고 통지서를 들고서 태곳적 두려움을 증폭시켰다.

우리는 안전벨트를 단단히 부여잡고서 의미를 향한 꿈이 시드는 것을 지켜보고 있다.

그리고 오늘날 리더들은 태곳적 두려움을 인식하고 탕비실을 가득 채운 간식, 스톡옵션, 탄력근무제, 우리가 원하는 일을 할 자유를 제시한다. 그 의도는 좋다. 하지만 충분하지는 않다.

이제 우리는 눈을 깜박인다. 기회를 바라보고도 그대로 얼어붙는다. 학교와 관리자로부터 지시와 마감을 기다리라고 세뇌당했기 때문이다. 또 다른 이유는 태곳적 두려움이 여전히 강력하고 끈질기게 남아 있기 때문이다.

우리는 긴장하지 않을 때 기다린다. 마감이 없을 때 방황한다. 응급 상황이 벌어지지 않을 때 쉽게 정체된다.

이에 대한 많은 비난이 있지만, 중요한 것은 창조를 위한 기회에 어떻게 대응하는지다.

리더는 의미를 향한 약속이 관대한 행위이면서도 동시에 관련된 모두에게 분명한 위험과 실질적인 두려움을 가져다준다는 사실을 이해한다. 교활하고, 미묘하고, 영리하고, 끈질긴 두려움을 말이다.

우리가 의미를 향한 서로의 약속을 받아들이는 순간, 우리의 일 그리고 실질적인 일이 두려움과 함께 춤추는 것이라는 사실을 이해하려는 환경을 창조한다. 그리고 두려움과 함께 춤추기 위해서는 의미와 긴장, 우리가 중요한 일을 한다는 확신이 필요하다.

47

코코로를 찾아서

많은 중요한 단어와 마찬가지로 일본어 단어인 '코코로心'의 개념을 제대로 옮기기는 쉽지 않다. 코코로는 심장과 영혼, 마음 혹은 자아를 의미한다. 이는 우리가 누구이며 무엇을 할 수 있는지에 대한 내적, 외적 표현이다.

일본어를 모른다고 해도 그 의미를 짐작할 수 있다. 코코로는 인간성과 존엄, 일하는 과정에서 추구하는 관계와 이해 방식을 드러낸다. 우리가 일상에서 코코로를 찾을 수 있다는 것은 마법 같은 일이고, 사람들에게 그들의 자아가 일할 기회를 주는 것은 관대하고도 강력한 일이다.

(지금,) 코코로를 원하는 것은 단지 우리만이 아니다. 코코로는 조직이 갈망하는 것이기도 하다.

제대로 하면 세차도 의미 있는 일이다

토머스 데리Thomas D'Eri는 라이징 타이드 세차Rising Tide Car Wash의 경영자다. 라이징 타이드는 연간 15만 대의 차량을 세차한다. 최근 새로운 지역에 세차장을 열었고 단 60일 만에 흑자를 보았다. 라이징 타이드의 성공 비결은 특별한 고객 만족에 대한 높은 명성이다.

데리는 자신의 책 《The Power of Potential(잠재력의 힘)》에서 어떻게 자폐증을 가진 사람들을 고용했는지, 어떻게 모든 근로자를 위한 안전한 일터를 조성했는지를 이야기한다. 라이징 타이드는 원래 데리의 형제인 앤드루를 고용하려고 시작했지만, 이제 그들의 사명은 수천 명의 삶에 영향을 미치는 것으로 확장되었다.

세차라고 하면 흔히 인력의 도움을 받아 작동하는 일련의 기계적 작업이라고 생각한다. 그리고 자동차와 작업 속도, 비용을 중심으로 시스템을 체계화해야 한다고 생각한다.

하지만 의미는 기계 시스템 최적화에 관한 이야기가 아니다. 차이를 만드는 선택에 관한 이야기다.

라이징 타이드 직원들은 그들의 삶을 바꿨고, 다른 이들의 삶도 바꿨다. 고객들 역시 마찬가지다. 라이징 타이드는 다음 네 가지를 원칙으로 삼는다.

□ 안전 인식

□ 책임 문화

□ 분명한 목적

□ 고객 사랑

라이징 타이드는 단지 세차를 위해 존재하지 않는다. 세차는 직원과 고객에게 변화를 주기 위한 기회일 뿐이다. 라이징 타이드는 내가 아는 그 어느 세차장보다 교육과 고객 서비스, 직원에게 많은 시간과 에너지를 투자한다. 그 결과 고객들은 라이징 타이드를 다시 찾고 이들의 사업은 성장하고 있다. 라이징 타이드의 고객 보유율은 세차 산업 평균의 '5배'다.

모든 지점은 경쟁 업체보다 대부분 더 많이 세차하고 더 많은 수익을 올리고 있다.

세차가 단지 차를 깨끗하게 하는 일이라면 우리는 가장 가깝고, 저렴하고, 편리한 세차장을 선택하면 된다. 바로 바닥을 향한 경쟁이다.

일선 근로자에게 시간과 에너지를 많이 투자할수록 더 좋다. 그들은 기업 마케팅팀이자 연구개발 전문가이기 때문이다. 일선 근로자에게 자유와 권한, 유연성을 허용함으로써 고객이 요구하는 바를 충족시키고, 고객의 높은 충성도는 직원에게 한 투자의 몇 배에 달하는 보상을 기업에게 안겨준다.

일선 근로자는 인간이다. 그들은 기업 브랜드이며 핵심이다.

안전의 노래가 우선이다. 안전은 타협의 산물이 아니라 모든 일의 근간이다. 신뢰하고, 반복하고 혹은 혁신하기 전에 먼저 아무런 문제가 없을 것이라 확신해야 한다.

이 과정이 있어야 기대치를 높이고 성장할 수 있다.

사랑과 의미는 함께 커나간다.

"나와 우리에게 서비스란 거래가 아니다. 그리고 사람들이 돈을 지불하도록 만드는 속임수도 아니다. 물론 훌륭한 서비스에는 전략적 가치가 있다. 우리는 고객의 신뢰를 다시 얻고, 그들이 우리에게 시간과 돈을 기꺼이 쓰도록 만들어야 한다는 믿음과 더불어 매일 나아가야 한다. 동시에 서비스는 우리가 실제로 세상에 존재하는 방식이다."

_아리 와인츠와이그Ari Weinzweig, 진저먼스 공동 설립자

극단적인 사용자에 주목하자

모든 조직에는 극단주의자가 있다. 더 많은 보상과 더 많은 활용, 더 많은 이야기, 더 많은 공유를 요구하는 직원과 고객 그리고 투자자가 있다. 극단적인 사용자들은 많은 것을 요구하고 많은 이익을 가져다준다. 헤비 유저, 장애를 가진 사람들, 비범한 사람들, 전문가들이다. 이들은 열정적인 사람들이다.

스탠퍼드 대학의 디스쿨d.school은 조직이 극단주의자에 주목함으로써 모든 사용자에게 적용 가능한 교훈을 얻을 수 있다고 말한다. 일반적인 기업과는 상반된 접근 방식이다. 대중에게 더 쉽게 서비스를 제공할 수 있다면, 대부분 기업은 극단적인 사용자를 어떻게든 외면하고자 한다.

기술 괴짜와 특별한 이해관계를 가진 이들, 외면받는 이들을 찾아내 그들이 무엇을 요구하는지 확인하자. 기업은 이러한 노력을 통해 일반적인 고객이 필요로 하지만 소리 내서 말하지 않는 요구 사항을 파악할 수 있다.

라이징 타이드가 자폐를 가진 직원들에게 맞추어 작업 방식을 최적화했을 때, 동시에 일반적인 직원들에게도 성장의 기회를 선사했다. 그리고 디라이트d.light가 세계에서 가장 빈곤한 계층을 위해 제품을 개발했을 때, 동시에 그들은 부유한 사람에게도 효과적으로 서비스를 제공하게 되었다. 또한 바이더웨이 베이커리By the Way Bakery가 밀과 유제품을 먹지 못하는 이들에게 주목했을 때, 그들은 결국 모든 고객에게 쉽게 다가가 매력을 뽐낼 수 있는 주방 및 생산 시스템을 개발했다.

50

잘못된 기준에 유의하자

인간이 하는 일은 단기적으로 정확하게 측정하기 어렵다. 그래서 우리는 측정 **가능한** 기준을 찾고 그 기준에 의존한다.

누가 회의에서 목소리가 높은가, 누가 먼저 출근했다가 늦게 퇴근하는가, 누가 프로그램에서 가장 적게 오류를 범했는가, 혹은 누가 깃허브GitHub에 가장 먼저 커밋committ(코드를 추가하거나 변경한 것을 저장하는 행위 – 옮긴이)을 제출했는가.

그러나 잘못된 기준은 계급이나 성별에 기반한 차별과 함께 지속적이고 복합적인 일련의 오류로 이어진다.

측정하기 쉽다고 해서 그것이 올바른 기준이라는 의미는 아니다. 혹은 중요하다는 뜻도 아니다.

의미 있는 조직을 이끌기 위한 과제는 올바른 기준에 대해 명확한 태도를 보이는 것이다.

하지만 기업 경영자들은 쉬운 측정을 요구했다. 규모와 이익이 그들이 유일하게 추구하는 바였기 때문이다. 그러나 기술과 문화가 일을 바꾸어 나감에 따라 우리는 단지 편리한 기준이 아닌, 더 깊이 들여다보고 정말로 측정할 가치가 있는 기준을 발견하게 되었다.

51

탄력성을 높이는 방법

스티븐 프레스필드Steven Pressfield는 우리에게 저항에 대한 가르침을 줬다. 여기서 저항이란 중요하거나 창조적인 일을 할 때 나타나는 자연스럽고 인간적인 회피를 말한다. 우리는 곤경에 처하지 않기 위한 효과적인 방법을 발견하고자 밤늦게까지 일한다.

의미 있는 일을 하려면 약속을 하고 지켜야 한다. 변화를 만들어야 한다. 또한 변화의 과정에서 경계를 확인해야 한다. 이는 절대로 쉬운 일이 아니다. 무엇보다 안전의 노래가 들리지 않는다면 앞으로 나아가기 매우 힘들다.

2022년, 모리스 미첼Maurice Mitchell은 탄력적인 조직 구축법을 주제로 한 탁월한 글을 발표했다. 발전을 추구하는 조직이라면 그가 지적한 몇 가지 함정을 교훈으로 삼을 수 있다.

조직이 장애물을 맞닥뜨리게 되는 데는 이유가 있다. 여러 세대에 걸친 사회적, 인종적 부조리라는 피로가 산업주의의 세뇌와 존재하지 않는 능력주의를 주장하는 부당함과 결합할 때, 변화를 만들 기회가 존재한다는 사실을 믿기 어렵게 된다.

형식주의나 번지르르한 말은 해결책이 되지 못한다. 때로는 상황을 개선하려는 노력을 포기하는 게 더 쉽기도 하다. 안전에 대한 위협에 직면할 때, 우리는 자연스럽게 안전을 강화하는 노력에 주목한다.

그렇다면 우리에게 어떤 선택권이 있을까? 산업 자본주의와 현재 상황을 통제하는 세력은 자율성과 의미를 향한 개인의 요구에 관심을 기울이지 않는다. 그리고 우리가 단기적인 문제에 집착할 때 기꺼이 우리를 응원할 것이다.

다음은 미첼이 제시한 몇 가지 함정이다. 영향을 미치고자 한다면 우리는 이 함정들을 경계해야 한다.

맥시멀리즘

"문제에 대한 완벽한 해결책이 아니라면, 그것은 우리가 지지하는 모든 것에 대한 배신이다."

반리더십 태도

"지난날 기업 경영자들은 근로자들에게 엄청난 피해를 주었기에 우리는 모든 리더십과 경영, 그에 따른 구속을 회피해야 한다."

반제도적 정서

"어떤 제도는 다른 제도를 배제하고 근로자를 감시하기 때문에, 우리는 모든 제도를 회피하고 무너뜨려야 한다. 제도의 약속을 절대 믿어서는 안 된다."

온실

"조직이 창조와 문제 해결이라고 하는 인간적인 모형에 완벽하게 어울리지 않는 일을 한다면, 우리에겐 해야 할 일이 없다."

소규모 전쟁

"외부 세상에서 중요한 문제를 찾지 말라. 해결해야 할 문제가 바로 여기 있기 때문이다."

근거 없는 관심

"나는 의미, 의미에 따른 가능성과 기쁨, 관계의 느낌을 추구했다. 그러므로 조직은 내 모든 요구에 관심을 기울여야 한다."

불균형

"지금 팀이 느끼는 사소한 불편함이 우리가 해결해야 할 가장 중요한 문제다."

반짝이는 물건

"개별적이고 인간적인 성향에 의한 주의 산만은 더욱 흥미롭고, 우리가 애초에 뛰어들었던 힘든 여정보다 궁극적으로 더 높은 만족감을 선사한다."

함정들에 각각 분명한 이름을 붙이는 것만으로도 충분하다. 업무에 인간성을 가져올 때, 톱니가 되는 것을 넘어설 때, 우리는 함께 추구하는 변화를 향한 집중력을 잃어버릴 위험에 처한다. 그렇기에 돈을 추구하는 조직이 관리하기 더 쉬워 보이는 법이다.

리더십이라고 하는 힘든 과제를 수행하기 위해, 직면하는 도전에 무엇이 필요한지 이해해야 한다. 함정들은 표면 아래에 숨어 있으며, 모습을 드러낼 때 우리는 함정에 이름을 붙이고 존재를 인식함으로써 앞으로 나아갈 수 있다.

용기는 두려움이 없는 상태가 아니다. 용기란 두려움을 느낄 때조차(혹은 특히 그럴 때) 가치 있는 중요한 일에 도전하는 의지를 말한다. 그리고 두려움을 느끼면서도 자신이 보고 믿는 것을 말하는 힘이다. 용기는 약함의 반대말이다.

두려움은 이용하기 쉬운 도구다

두려움은 이용하기 쉬운 도구지만 탄력적인 조직을 구축하는 데는 도움이 되지 않는다. 복종을 강요할 때 쓰이는 가장 유용한 도구이기도 하기 때문이다. 사장은 말한다. "해고당하지 않으려면 내가 말하는 대로 해라." 그리고 이를 증명하기 위해 실제로 몇 명을 해고한다.

문제는 사장의 지시에 따르는 방식은 확장성이 부족하고, 복잡하고 빠르게 변화하는 세상에서 전혀 힘을 발휘하지 못한다는 사실이다. 전체로서의 우리는 그 어떤 개인보다 더 똑똑하다. 기술이 중요하고 이직이 쉬운 모든 분야에서는 선택권이 기업이 필요로 하는 직원에게 있다. 그렇기에 두려움과 복종의 문화는 더 나아갈 곳이 없다. 훌륭한 일은 복종하는 일보다 더 많은 가치를 창조한다.

53

미래에 미칠 영향

톰 피터스는 두 명의 관리자 중 누구를 승진시킬지 결정하는 한 경영자의 이야기를 들려줬다. 경영자는 결정이 어렵지 않다고 말한다. 두 관리자 밑에서 일한 경험이 있는 직원들의 경력을 살펴보고, 이들 직원 밑에서 일한 직원들의 경력을 들여다보면 된다는 것이다.

리더가 멋진 직함을 가진 관리자가 아니라는 사실을 깨달을 때, 우리는 더욱 쉽게 결정할 수 있다. 리더는 자신의 조직에서 일하든, 다른 조직에서 일하든 간에 앞으로 영향력을 발휘하게 될 세대를 위해 씨앗을 뿌린다.

오늘 회의실에서 일어난 일은 참석한 사람들을 바꿀 수도, 바꾸지 않을 수도 있다. 누가 회의를 소집했느냐에 달렸다.

54

노동과 일 그리고 활동

철학자 해나 아렌트Hannah Arendt는 인간이 세 가지 방식으로 시간을 보낸다고 말했다. 먹고 사는 데 필요한 노동, 우리가 자랑스러워하는 기술을 발휘하는 일, 마지막으로 조직과 가능성의 활동.

한 세기에 걸쳐 대중은 노동만을 강요받았다. 그런데 노동의 필요성이 대단히 세분화되고, 측정되고, 자동화되어 더는 필요하지 않고, 더는 만족스럽지 않으며, 더는 쓸모없어진다면, 노동자의 세상에 무슨 일이 일어날까?

너무 늦기 전에 우리는 일과 활동에 대한 노력에 새롭게 집중해야 한다.

55

중심을 옮기자

코페르니쿠스는 지구가 아닌 태양이 중심이라는 사실을 우리에게 가르쳐 주었다. 지동설은 문화를 완전히 바꿨다.

당신의 조직에서 중심은 무엇인가?

밀턴 프리드먼Milton Friedman은 모든 기업이 수익 중심적이어야 한다고 주장했다. 그리고 기업의 유일한 과제는 주주 가치의 극대화라고 말했다.

다른 이들은 기업이 고객 서비스를 수익으로 대체해 고객 중심적이어야 한다고 주장했다. 즉, 고객의 욕구를 충족시킴으로써 수익을 높여야 한다고 말했다. 하지만 몇몇 기업이 어느 정도의 규모에 도달하자마자 고객 만족을 단기 수익과 바꿔치기하면서 이러한 접근 방식 뒤에 숨어 있던 속셈이 드러났다.

의미 있는 조직은 팀 중심적이다. 의미 있는 조직의 목표는 변화를 이끌고 영향력을 미치고자 하는 사람들과 함께, 그들을 위해 일하는 것이다. 그러므로 최소한의 청중도 오늘날 마케팅의 원동력이 될 수 있다. 그런 팀에 합류하는 것은 일하기 편한 곳에 있는 것보다 훨씬 중요하다.

벌집의 목적은 꿀을 만드는 게 아니다. 꿀은 건강한 벌집의 부산물이다. 의미 있는 조직은 고객을 만족시키면서 동시에 수익을 창출한다. 또한 참여를 이끌어 내고 변화를 시도함으로써 시작된다.

56

되돌아가서 얻다

'산코파Sankofa'는 가나의 아칸어 방언인 트위어로 '되돌아가서 얻다'라는 의미를 가진다. 격변의 순간, 성장의 노래가 의미를 발견하도록 자극할 때 오래전 쓸모 있던 방식으로, 값싼 석유와 산업주의가 시간을 어떻게 보낼지에 대한 기대를 바꾸기 전의 방식으로 되돌아갈 수 있다.

우리는 인간의 본성을 되찾을 수 있고, 관계를 새롭게 추구하고 세상을 더 좋게 바꿀 수 있다.

그리고 의미를 발견하고 의미와 더불어 살아갈 수 있다. 되돌아가서 얻어내기로 선택한다면 말이다.

물론 편리하고 분명하거나 쉬운 일은 아니다. 하지만 중요한 일이며 이미 우리 주변에서 시작되었다.

57

근간을 창조하기

존엄은 창조되거나 주어지는 것이 아니라 인정받고 강화되는 것이다.

미국 피츠버그 예술단체인 맨체스터 크래프츠먼스 길드Manchester Craftsmen's Guild를 조직한 빌 스트리클런드Bill Strickland는 이렇게 말했다.

"우리 건물의 복도에는 꽃이 있습니다. 그 꽃들은 모두 조화가 아닌 생화이며 언제나 건물 안에서 볼 수 있습니다. 제가 최근에 자주 연설하다 보니 고등학교 교장 선생님들이 저를 찾아와 이렇게 말하더군요. '스트리클런드 씨, 대단히 특별한 이야기에 대단히 특별한 학교군요. 특히 꽃을 보고 강한 인상을 받았습니다. 어떻게 꽃들이 여기에 있는지 궁금합니다.' 나는 이렇게 대답합니다. '차를 몰고 화원에 가서 꽃을 사다가 두었습니다.' 아이들을 위한 꽃을 장만하기 위해 태스크 포스Task Force, TF나 스터디그룹이 필요하지는 않습니다. 다만 아이와 어른들 모두 인생에서 꽃을 누릴 자격이 있다는 사실을 이해해야 합니다. 비용은 얼마 들지 않지만, 그 의미는 큽니다. 햇살과 꽃으로 가득한 이 건물 안에서 우리는 희망과 인류의 가능성을 믿습니다."

스트리클런드가 1968년에 설립한 예술단체는 영향력을 이어나가면서 피츠버그에서 매년 4,000명에 가까운 학생들을 가르치고 있다. 학생들이 성장하도록 충분한 관심을 기울였기에 20만 명에 가까운 졸업생이 의미 있는 길을 향해 걸어갈 수 있었다.

참여와 상호관계, 연합, 존중, 성장의 여정은 강력하고 유연한 미래의 근간을 창조한다.

그럼에도 불구하고 우리에게 근간을 창조하는 과제가 달려 있고, 먼저 주목하지 않으면 결국 수직적인 관리 체제, 그에 따른 냉소적인 낮은 기대로 후퇴할 것이라는 사실을 여전히 우리는 이해하지 못하고 있다.

58

기여할 수 있는 기회

베스트셀러 《우리에게 보통의 용기가 있다면Carbon Almanac》에는 놀라운 사실이 숨겨져 있다. 바로 300명의 자원봉사자가 5개월 만에 만들었다는 것이다.

그리고 또 하나의 놀라운 사실이 이 책이 만들어진 과정이다. 나는 1년 동안 자원봉사자로서 이 거대한 프로젝트를 조율하는 일을 맡았다. 이 과정에서 글을 쓰거나 디자인을 하거나 편집을 하지는 않았다. 다만 전 세계 수백 명이 기여할 수 있는 공간을 마련했다. 그 결과, 수상에 빛나는 세계적인 베스트셀러가 기록적인 시간에 큰 오류 없이 탄생했다.

참가자들 대부분은 이번 프로젝트가 그들의 업무 경력에서 가장 중요한 경험이었다고 말한다. 우리는 책을 만들어 냈고, 동시에 차이를 만들어 냈다.

우리는 **'어떻게 직원들이 내가 원하는 것을 하도록 만들 수 있을까?'**라는 질문에서 **'팀이 영향력을 발휘할 수 있는 환경을 어떻게 조성할 수 있을까?'**라는 질문으로 넘어왔다.

이는 해나 아렌트가 말한 'inter(사이에)-est(존재)'의 의미다. 함께 만나 창조하고 의미를 생산하는 테이블에 앉기 원하는 인간의 욕망이다.

또한 덴마크 신학자 니콜라이 그룬트비N. F. S. Grundtvig가 말한 '생명의 말씀living word'의 의미이기도 하다. 단지 권위로부터 지시를 받는 게 아니라, 관계를 맺고 말하고 전달하려는 우리의 욕망을 뜻한다.

59

정말로 원하는 것

안전이 우선이다. 위협을 느끼거나 딛고 있는 땅이 흔들린다고 느낀다면, 성장하고 관계를 맺고 사람들은 이끄는 일은 불가능하다.

다음으로 소속과 지위가 있다. 이는 모호하게 연결된 감정들이 번갈아 추는 춤이다. 소속은 무언가의 일부가 되고, 적응하고, 연결되는 것을 말한다. 지위는 누가 먼저 점심을 먹는지가 보여 준다. 다시 말해 체계 속에서 차지하는 위치를 말한다.

그러나 사람들이 진정으로 원하는 것은 의미다. 중요한 일을 하는 것, 사람들이 우리가 사라졌을 때 우리를 그리워하는 것이다. 이는 존중받고 존재를 인정받으려는 보편적인 인간의 욕망이다.

의미가 있다는 것은 변화를 만든다는 뜻이다. 주변 사람이나 세상에 영향을 미쳐 자신이 있지 않았을 때와는 다른 상황을 만든다는 의미이다. 물론 변화에는 위험이 따른다. 가능성 속에서 살아가고 실패(혹은 성공)의 위협이 항상 존재하는 위험.

변화의 기회에 맞닥뜨릴 순간, 긴장이 발생한다. 긴장은 안전과 의미라는 두 영역에 동시에 존재하기를 바라는 마음이다. 모든 것이 제 위치에 있는 안전한 장소와 관계를 확장하고 자신의 지위를 높이거나 유지할 수 있는 의미의 장소에 말이다.

긴장은 피해야 할 대상이 아니다. 화창한 날에 그림자 없이 외출할 수 없듯이, 마찬가지로 긴장을 맞닥뜨리지 않고는 의미를 창조할 수 없다.

화창한 날의 그림자와 같이, 참여는 긴장의 파트너다. 참여는 지금 여기에 존재하려는 욕망이다. 그리고 돈을 위해서가 아닌 감정적, 문화적 혜택을 얻고자 하는 자발적인 행동이다.

이러한 점에서 리더(기업의 관리자와는 반대로)가 해야 할 일은 명확하다. 위협과 결핍, 복종과 통제 대신에 사람들이 의미를 찾도록 도움을 줘야 한다. 안전 기반을 마련하고 관계와 지위의 문화를 구축해야 한다. 이러한 길로 나아가는 것은 놀랍게도 연봉 인상보다 더 강력한 혜택이다.

돈은 팀이 요구하는 마법을 창조할 만큼 충분한 동기를 부여하지 않는다. 마법은 외부의 힘이 아니라 내면의 힘에서 비롯된다.

혁신은 일종의 유연성이다

캐나다 역사박물관 소장품 중에는 전통적인 형태의 목제 카누가 있다. 약 9미터 길이의 카누는 2700킬로그램이 넘게 사람과 물건을 실을 수 있으며 하루에 50킬로미터 이상을 항해할 수 있다.

옛날 카누와 새롭게 제작한 카누를 구분하기는 힘들지만, 카누마다 고유한 특성이 있다. 다양한 천연 재료를 사용해 만든 카누의 길이, 폭, 무게, 형태는 저마다 다르다. 일련의 계획에 따른 것이 아니라 목재와 제작자에 따라 형태가 결정되기 때문이다.

이는 정확하게 우리가 고객과 함께, 새로운 기술과 함께 혹은 새로운 자원 제약과 함께 춤을 추는 방식이기도 하다. 천편일률적인 제품은 생산성 측면에는 좋지만, 인간을 위해서는 좋지 않다.

혼자서 카누를 제작하는 경우는 드물다. 대신, 가족이나 부족 혹은 온 마을 사람들이 함께 만든다. 참여하는 모든 이가 제작에 실질적으로 이바지한다. 그들이 하는 일은 그들이 해야만 하는 일이며, 탄생한 카누는 동료 및 재료와 상호작용한 결과물이다.

제작에 참여한 사람들은 자신이 맡은 부분이 다른 이들이 맡은 부분과 조화를 이뤄야 한다는 사실을 분명히 이해한다. 하지만 누구도 무엇을 하라고 정확하게 지시하지는 않는다. 사실, 지시할 필요가 없다. 이들은 상호 참여를 통해 유연한 배를 만들기 때문이다. 배는 재료와 제작 과정에 참여한 모두의 존재를 드러낸다.

그것은 내 배가 아니라 우리의 배다.

"함께 손잡고 서로를 지지한다면

우리는 훨씬 더 강해질 것이다."

_토드 래브라도Todd Labrador, 카누 장인

61 사이 공간

산업 관리자는 우리에게 '여기'에 있으라고, 그들이 지정한 장소와 지정한 시간에 있으라고 말한다. 여기에서 우리는 예측할 수 있고, 측정할 수 있는 특정한 일을 한다.

반면 리더는 우리가 '거기'에 도달하도록 돕는다. 물론 도움은 효과가 없을 수도, 우리가 기대한 바와 다를 수도 있다. 하지만 우리가 향하는 곳은 바로 거기다.

'리멘limen'은 문지방에 놓인 돌을 말한다. 작가 수전 보몬트Susan Beaumont는 그 사이 공간을 경계적 리더십의 여정이라 불렀다. 그곳은 흥미로우며 동시에 그림자와 빛, 요철과 다리로 가득하다.

62

그리고 우리는 머무른다

픽사의 공동 설립자 에드 캣멀Ed Catmull은 이렇게 말했다.

"우리가 아는 것과 알지 못하는 것 사이에 독창성이 모습을 드러내는 최적의 지점이 존재한다. 여기서 핵심은 당황하지 않고 그곳에 그대로 머무르는 것이다."

오로지 '이곳'만이 올바르고, 안전하고, 영원해 보인다면 의미 있는 조직을 구축하기 어렵다. 의미 있는 조직은 어제와는 다른 곳에서 대부분의 시간과 에너지를 사용한다. 핵심은 일시적인 불편함이 아니라 불확실성과 혼란이다.

의미 있는 일을 하기 위해서 우리는 동시에 두 곳에 존재해야 한다. 해야 할 일은 현재 상황을 있는 그대로 인식하면서, 동시에 주변 환경과 서비스를 제공하는 이들의 상황을 바꾸기 위해 열심히 노력하는 것이다.

63

골프 혹은 서핑?

"이번만 해내면 모든 게 좋아질 것이다"라는 말은 다분히 일반적인 생각이다. 오히려 자신에게 "지금 모든 것이 괜찮다"라고 말하는 것이 더 도움이 될 것이다. 과도기적 상태를 일반적인 상태로, 일반적인 상태를 좋은 상태로 정의할 때 우리는 여기에 존재한다.

골프 스코어 카드 뒷면에는 코스 지도가 나와 있다. 홀의 위치를 옮기는 것은 회의와 감독이 필요한 중대한 일이다. 플레이를 계획할 때는 지난주에 비가 왔는지만 파악하면 된다.

반면 서퍼들이 만나는 모든 파도는 처음이자 마지막 파도다. 지금 치는 파도는 예전에 일어난 적도 없고 앞으로 다시 일어날 일도 없다.

골프는 손에 잡히지 않는 완벽함을 향한 끝없는 점진적

여정이다. 반편 서핑은 길을 발견하는 과정이다. 똑같은 파도가 반복해서 치는 서프 파크는 연습에 도움이 되겠지만 서핑이라고 보기는 어렵다. 서핑은 끊임없이 경계를 넘어서는 일이다.

퍼터를 가지고 서핑을 할 수는 없는 노릇이다.

64

사기꾼 주의

경계는 변화와 불확실성 그 이상을 담고 있다. 또한 그림자와 막다른 길로 가득하다.

그렇기에 의미를 추구하지 않는 이들을 끌어들일 수도 있지만, 사실 정확하게 그 반대다.

수전 보몬트는 우리에게 사기꾼을 조심하라고 다음과 같이 경고한다.

“카리스마 넘치는 리더처럼 보이지만 남들과 더불어 살아갈 능력이 없는 위험한 인물들이 있다. 이러한 사기꾼은 불협화음을 조장함으로써 혼란과 혼돈을 부추긴다. 또한 사람들이 서로 반목하도록 만드는 데 능하다. 사람들은 사기꾼의 활력과 리더십의 추진력을 혼동한다. 사기꾼은 신뢰를 주고받지 못한다. 교류에 취약하며 민주적인 과정에 참여할 능력이 없다. 거의 항상 자신만을 위해 행동하며 조직의 행복을 향한 진정한 의지가 없다."

조직의 문화와 구조를 수용하면서 여정에 동참하는 능력은 일의 규모와 영향력이 커짐에 따라 점점 더 중요해진다.

65

상인방과 문턱

문턱이 문지방 위에 놓여서 우리를 머뭇거리게 만드는 돌이라면, 상인방은 문간의 꼭대기를 가로질러 머리 위 지붕을 떠받치는 역할을 한다.

우리는 때로 문간을 드나들면서 상인방에 머리를 찧지 않을까 조심한다.

사기꾼은 머리를 찧기 위해 거기에 있지만, 우리는 종종 자신 없어 하면서 너무 높이 뛰어오르거나 너무 열심히 노력한 것은 아닌지, 감당할 수 없는 파도에 뛰어든 것은 아닌지를 걱정한다.

리더는 이런 사실을 알고 사람들이 여정이 현실적으로 가능함을 이해할 뿐 아니라, 기꺼이 받아들일 만큼 충분히 매력적인 것으로 만들고자 노력한다.

우리는 사람들이 무엇을 하게 요구하는가? 넷플릭스 회장 리드 헤이스팅스Reed Hastings는 직원들에게 영화 산업이 돌아가는 방식을 새롭게 만들라고 요구하지 않았다. 대신에 그와 그의 팀은 작고 많은 요소로 과제를 구분했고 여러 그룹이 각각의 요소를 책임지게 했다.

프로젝트를 구성하는 각각의 요소는 대단히 힘든 것이다. 중간에 낀 산업 구조와 물리학 법칙, 인터넷의 구조, 이동통신 거물에 도전했다.

그 누구도 홀로 넷플릭스 스트리밍 서비스를 구축할 수는 없다. 하지만 어떤 밤에도 넷플릭스를 볼 수 있듯이, 함께할 때 비로소 실천 가능한 프로젝트가 된다.

리더는 프로젝트의 모든 요소를 책임질 필요는 없다. 다만 요소를 담당할 팀을 구성하는 방법만 이해하면 된다.

66

프로젝트는 의미 있는 일이다

산업화에는 반복적이고 측정하기 쉽고, 지속적인 업무가 적합하다. 기업은 이를 더 값싸게 처리해야 한다고 압박받는다.

직장 생활에서 중요한 순간들을 떠올릴 때, 보통 프로젝트를 생각하게 된다. 프로젝트의 처음은 가능성으로, 중간은 도전과 통찰력으로 가득하다. 그리고 마지막은 씁쓸하게도 다음에 더 잘할 수 있는 아이디어와 함께 우리가 무엇을 했는지, 누구와 함께했는지에 관한 생각으로 가득하다. 프로젝트는 환자를 돌보거나, 새로운 요리를 메뉴에 추가하거나, 기업을 설립하는 일이 될 수 있다. 이 지점에서 규모보다 중요한 것은 리듬이다.

우리는 일상적인 일관성이 가져다주는 안정성을 원하지만, 규모를 떠나 프로젝트에서 의미를 발견해야 한다.

67 해야 할 일

일을 대기열에 집어넣어 천편일률적인 방식으로 처리하고, 검수를 통해 결함을 발견할 수 있다면 산업적인 경영의 도움을 얻을 수 있을 것이다.

하지만 그 일이 새로움과 혁신, 차이, 판단, 관심을 요구한다면 산업적인 경영은 참여와 기술, 리더십의 자리를 대체하지 못한다.

당신은 어떤 유형의 일을 하고 있는가?

우리가 해야 할 일은 제품을 만드는 것이 아니라 의사결정을 내리는 것이다.

의사결정 속도는 계속 빨라진다. 경쟁자들의 등장하는 속도가 빨라짐과 동시에 우리가 반응할 시간이 줄어들기 때문이다. 모두가 전력 질주하는 가운데 우리가 달리는 속도는 기하급수적으로 빨라지고 있다.

주간 회의 대신, 우리에게는 누군가 발견하고 반응하기까지 3분밖에 걸리지 않은 슬랙Slack 게시물이 있다. 그리고 우리가 반응하면 고객이나 경쟁자가 다시 이에 대해 반응하면서 또 다른 의사결정의 요구를 만든다.

창조적인 스튜디오는 수천 가지 디자인을 만들어 내고, 수십억 명에게 판매하면서 수천 곳의 디자인 기업과 경쟁한다. 그 네트워크상의 각각의 점들, 시계의 똑딱거리는 소리, 연결된 모든 사람은 새로운 의사결정으로 이어진다.

중앙 집중적인 독재 조직은 그 속도를 따라잡지 못한다. 참여한 리더들의 네트워크로 전환되는 오픈 시스템은 선입선출 메일함을 언제나 앞설 것이다.

68

카트린 얀센이 세상을 구하다

바이러스 학자 폴 오핏Paul Offit는 이런 말을 했다.

"제약 기업이 사악하다고 생각하는 이들은 카트린 얀센과 같은 사람과 함께 있어 봐야 한다."

얀센이 이끈 연구 덕분에 10억 명이 전염병에서 살아남을 수 있었다. 650명의 연구원으로 이뤄진 그녀의 팀은 유럽과 남미, 아시아, 아프리카의 연구팀들과 협력하여 단 몇 달 만에 코로나19 백신을 개발해 냈다. 이는 다른 어떤 백신의 개발보다 몇 년이나 더 빠른 것이었다.

머크Merck의 수석 연구원을 지낸 에드워드 스콜닉Edward Scolnick은 이렇게 말했다. "그녀는 중요하다고 생각하는 모든 프로젝트를 맡는 데 두려움이 없습니다. 그리고 해야 할 일에 뛰어들고 파악하는 데 주저함이 없습니다. 제약업계에서 일반적으로 볼 수 있는 모습이 아니죠. 이 업계의 많은 프로젝트가 실패로 돌아갈 때마다 사람들이 일자리를 걱정해야 하기 때문입니다. 그들은 좌천되거나, 해고되거나, 승진 목록에서 누락되지 않을지를 걱정합니다. 하지만 그녀는 그런 염려를 하지 않죠."

얀센은 세계적으로 엄청난 판매를 기록한 백신, 프리베나13Prevnar13 개발에도 참여했다. 프리베나13은 아이와 노인들의 호흡기 질환을 예방하는 역할을 했다. 또한 그녀는 (많은 회의주의에 직면해서도) 고집스럽게 팀을 이끌어 가다실Gardasil HPV 백신을 개발하기도 했다. 이 백신 덕분에 앞으로 수백만 명이 암에서 목숨을 구할 수 있을 것이다.

그녀의 성공은 고독한 과학자나 실험실에 틀어박힌 천재의 작품이 아니었다. 대신 얀센은 다른 사람들이 실패했던 지점에서 성공을 거뒀다. 자신의 팀원을 연결하고, 그들을 정치로부터 보호하고, 엄격한 양질의 데이터를 요구하고, 열정과 참여를 유도했다.

물론, 그녀도 백신 개발 과정에서 긍정적인 결과가 나오지 않아 프로젝트의 취소 위기에 직면했다. 실제로 많은 연구가 그렇게 끝났다. 그녀는 이렇게 썼다. "진정한 확신이 있고 올바른 길로 나아가고 있다는 직감이 들 때, 정말로 중요한 것은 고집을 꺾지 않는 것이다."

책임을 떠안고 신뢰를 주기. 독일 의사 외즐렘 튀레지Özlem Türeci와 우우르 샤힌Ugur Sahin은 mRNA 분야의 개척자로서 화이자 계열사가 아닌 기업에서 연구했다. 그런 두 사람이 얀센을 만났을 때, 이들은 신뢰는 문제 되지 않을 것이며 협력은 얼마든지 가능하다는 사실을 깨달았다.

몇 주 후 백신 초기 버전의 시험 준비가 완료되었을 때, 뉴욕대학교의 마크 멀리건Mark Mulligan 박사는 공식적인 차원에서 실험을 추진하기 위해 자신이 운영하는 시설을 자발적으로 제공했다. 멀리건은 이렇게 말했다. "저는 HIV/AIDS 백신, 그리고 지카와 에볼라 등 독감 백신을 연구해 왔습니다. 그리고 이번은 우리가 참여해서 '좋아. 해보자고, 해결책 일부가 되자고'라고 말할 좋은 기회였습니다."

얀센은 그 상황을 다음과 같이 설명했다. "기적이라고 불러도 좋겠죠. 하지만 기적이라는 단어 속에는 그저 일어났다는 느낌이 있습니다. 하지만 절대 그저 일어난 일이 아니었습니다. 그렇죠? 우리가 치밀하게 계획한 일이었습니다."

"위는 호주머니가 비었다는 사실을 모른다"

사트야 라구 모카파티Sathya Raghu Mokkapati는 인도 남부에서 자랐다. 어느 날 그는 한 남자가 강둑에 앉아 진흙을 먹고 있는 모습을 발견했다. 놀란 모카파티는 남자에게 다가가 진흙을 먹는 이유를 물었다.

남자는 농사가 실패로 돌아갔다고 했다. 소작농인 남자에게(전 세계 농부들 대부분이 간신히 먹고 살만큼의 땅만을 갖고 있다. 대략 축구장 세 개 정도의 면적) 농사의 실패는 곧 그와 그의 가족이 굶게 될 것이라는 의미였다.

이후 모카파티는 뭔가를 하기 위한 여정을 떠났다. 그에게는 6개국 연구원들의 협력, 인도 농부 수십 명의 데이터와 혁신, 뉴욕과 샌프란시스코를 비롯하여 전 세계 투자자들의 참여가 필요했다.

모카파니는 이들의 협력을 기반으로 케이티Kheyti라고 하는 단순한 형태의 효율적인 온실을 개발했다. 그 결과는 놀라웠다. 온실 속 작물은 기존의 물을 98퍼센트나 덜 필요로 했다. 반면 수확량은 일곱 배로 증가했다. 농부들의 소득은 두 배로 늘어났고 들어가는 비용은 놀랍게도 줄어들었다. 확장하기 쉬운, 입증된 신기술이 탄생한 것이다.

중요한 프로젝트를 중심으로 연결된 많은 사람이 세상을 바꿨을 때, 우리는 한 명의 천재 개발자에게 너무 많은 공을 돌리는 경향이 있다.

케이티의 핵심은 혁신적인 기술이 아닌, 혁신적인 시스템이었다. 다시 말해 노력과 성과, 농부와 작물, 생산자와 소비자가 함께 일하기로 선택한 방식이었다.

힘든 과제는 올바른 네트워크를 구축하고, 목표를 조율하고, 언제 "좋아요" 혹은 "다시 한번 해봅시다"라고 말해야 하는지 아는 것이다.

시스템의 일은 사람이 하는 일이다.

70 제임스 다운트가 서점을 살리다

물론 다운트 혼자서 살린 것은 아니었다.

먼저 그는 영국의 최대 서점 체인 중 하나인 워터스톤즈Waterstones를 살렸다. 그리고 지금은 반즈앤노블Barne&Noble을 살리고 있다. 2022년, 수년 만에 반즈앤노블은 새로운 매장을 열었고 도서 매출은 상승세를 그리고 있다.

과연 그 비결이 뭘까?

다운트는 말했다. "이제 직원들이 스스로 매장을 관리합니다. 저는 그들이 더 즐겁게 일할 수 있기를 바랍니다. 직원들은 전 매장에서 완전히 다른 무엇인가를 만들어 내고 있습니다."

그는 자랑스러운 일을 하려는 직원들을 위한 업무 환경을 구축했다. 출판 업계의 검은돈과 리베이트를 거부했고, 책을 사랑하는 직원들이 그들이 좋아하는 책을 선택하고 홍보하게 격려했다.

이는 '행동신호stigmergy'(한 개체의 행동이 다른 개체의 행동을 자극하는 요인으로 작용하는 메커니즘 – 옮긴이)의 한 사례다. 그의 조직은 저절로 이루어진 조직이 아니라, 중심부는 물론 주변부까지 함께 끌어안음으로써 내부의 목소리를 듣고, 함께 이끌고, 유연성을 높여 가는 조직이다.

벌들은 자발적으로 조직을 구축하지 않는다. 다만 유기적인 방식으로 다른 벌들의 행동과 벌집의 여정을 통해 각각의 벌들이 맡은 역할을 인식한다. 이들은 수직적인 문화가 아니라 서로를 인식하는 문화를 갖고 있다. 유연하고 탈중심화된 인간의 조직 또한 그렇다.

쉬워 보이지만, 사실 이런 조직은 대단히 드물다. 통제하고자 하는 본능을 포기해야 하기 때문이다. 물론 몰락하는 서점 체인을 통제하는 것은 어쨌든 즐거운 일은 아닐 것이다.

물은 어디로 가는가?

카누에 타서 노를 저을 때, 노가 뒤로 가고 카누가 앞으로 나가면서 작은 소용돌이가 생기는 모습을 볼 수 있다.

그렇다면 노를 뒤로 저을 때, 물은 어디로 갈까? 대답은 생각보다 간단하지 않다. 물은 뒤로 갈 수 없다. 물이 뒤로 가면 원래 자리에 있던 물이 다시 뒤로 가야 하고, 이 과정이 물가까지 반복되어야 하기 때문이다. 그렇다면 한 번 노를 저을 때마다 20톤의 물을 이동시키는 셈이 된다.

사실 물은 그리 많이 움직이지 않는다. 움직이는 것은 우리다. 물은 무거운 물질이며 실제로 응집력이 강한 덩어리다. 그 특성을 이용해 배를 앞으로 나아가게 한다.

인간은 호수를 그리 많이 바꾸지 않는다. 대신에 호수는 우리의 행동에 우리를 변화시키는 것으로 반응한다.

72

빈칸 채우기

캐나다 싱어송라이터 조니 미첼Joni Mitchell은 그녀의 획기적인 앨범인 <밍거스Mingus>를 녹음하면서 자코 파스토리우스Jaco Pastorius와 허비 행콕Herbie Hancock과 함께 작업했다.

당시 허비는 자코에게 악보대로 연주해야 할지 물었고, 허비가 답했다. "그녀는 당신이 그림을 그리길 원해요. 그건 당신이 할 수 있는 일이죠. '그림을 그리는 것' 말이에요."

자코와 허비는 그 음반에 각자의 천재성을 쏟아부었다. 그러자 조니는 과감하게 그들이 그림을 그릴 수 있게 커다란 빈칸을 남겨 뒀다.

밴드 리더의 임무는 훌륭한 뮤지션을 발굴하는 것이다. 만약 당신이 훌륭한 뮤지션이 되고 싶다면, 그림을 그리도록 허락하는 밴드 리더를 찾아야 한다.

5장

약속

"우리를 고립시키는 것은 우리가 사랑스럽지 않다는 은밀한 두려움이다. 그러나 우리가 스스로를 사랑스럽지 않다고 여기는 이유는 바로 우리가 고립되어 있기 때문이다."

_개브리엘 제빈Gabrielle Zevin

새로운 업무 방식이란 상호적인 것

의미 있는 조직은 여정에 동참하고 새로운 방식으로 일하려는 직원을 원한다. 그리고 이런 직원은 산업적 경영 방식으로 퇴보하지 않을 조직을 원한다. 애초에 조직을 구축한 이들에게 신경 쓰지 않는 조직 말이다.

드라마 <캐치-22Catch-22>는 분명한 사실을 보여 준다. 우리는 하나를 또 다른 하나 없이 가질 수 없지만, 모두 첫 번째로 나서기를 주저한다.

헌신하고자 하는 사람의 수가 헌신을 가능하게 만드는 조직의 수보다 훨씬 더 많다는 점을 고려할 때, 조직이 먼저 움직여야 한다. 조직은 약속하는 것은 물론이고, 어려울 때도 (특히 그럴 때) 약속을 존중해야 한다.

동시에 구성원은 조직의 여정을 받아들여야 한다. 사소

한 타협 1,000개는 당시에는 그리 크게 느껴지지 않지만, 제각각의 방식으로 일을 하기 위해 이동하는 편도 여행과 같다. 자율성에는 언제나 책임이 따른다.

훌륭한 레스토랑의 주방에서는 요리사가 모든 요리와 재료를 일일이 검수할 필요가 없다. 팀이 요리의 품질을 책임지기 때문이다. 모든 것을 자기 뜻대로 하려는 사람이 통제하는 주방은 조금 더 밝게 불타오를 수 있지만, 결국에는 모두 소진되고 말 것이다. 열정적이고 노련한 직원은 자신을 존중해 주는 주방을 발견할 것이다. 그렇지 않다면 철저한 관리에 굴복해 결국 관심을 끌 것이다.

업무 불만족은 거짓말에서 비롯된다. 근로자들은 예전에 존재했던, 그러나 조직 대부분에서 더는 찾아볼 수 없는 가치인 '목적의식'에 대한 약속을 들었다.

하지만 의미를 중심으로 업무를 새롭게 구축할 때, 조직은 약속을 바꾼다. 조직은 상사가 일련의 다른 규칙을 만들기를 요구하고, 직원들이 다른 기대와 에너지, 열정으로 업무에 임하도록 격려한다.

많은 일자리는 산업적인 형태로 남을 것이다. 관리와 수직적인 복종을 통해 성취할 수 있는 업무(그리고 조직)는 언제나 존재할 것이다. 절대 사라지지 않을 것이다.

그렇다고 모든 일자리가 그러한 유형으로 남아야 한다고 생각해서는 곤란하다. 또한 산업적 일자리가 사람들의 영혼에 도움을 줄 것이라 믿으며 그들이 받아들이게 강요해서도 안 된다.

현실을 직시하고 뛰어들자.

74

의미 있는 약속

의미 있는 약속

- □ 우리는 변화를 위해 여기에 있다.
- □ 우리는 의도적으로 움직인다.
- □ 존엄은 투자할 가치가 있다.
- □ 긴장은 스트레스와 다르다.
- □ 실수는 앞으로 나아가는 길이다.
- □ 책임을 떠안고 신뢰를 주자.
- □ 일하는 사람이 아니라 일을 비판하자.
- □ 이직은 괜찮다.
- □ 서로를 존중하자.

□ 읽기

□ 선택과 의무

□ 복종이 아닌 기준

□ 결과물을 보여 주자.

□ 개선하자.

□ 정말로 중요한 기술에 주목하자.

우리는 변화를 위해 여기에 있다

새로운 제품과 발표 혹은 회의가 있을 때 우리는 그 이유를 분명히 이해해야 한다. 우리가 해야 할 일은 변화를 만들고, 상황을 개선하고, 창조를 위해 노력할 가치가 있는 뭔가를 보여 주는 것이다. 수익은 우리가 하는 일의 부산물이지 성과를 측정하는 유일한 기준이 아니다.

변화에 이름을 붙이자. '누가', '왜', '어떻게'를 분명히 이해하자.

변화는 수단이기 때문에 우리는 '누구'를 이해해야 한다. 우리는 모든 사람을 바꿀 수 없기에(그렇게 하기를 원치 않기에) '누구를 위한 것인가?'는 마땅히 던져야 할 질문이다.

혹시 지금 잘못된 기준을 측정하고 있다면, 결국 원치 않는 것만을 계속해서 얻게 될 것이다.

76

우리는 의도적으로 움직인다

“그냥 내 일을 하고 있어”라거나 “상사가 원하는 것인가?”라고 말하는 대신 자신의 판단, 기준, 관계에 대해 의도적이어야 한다.

모든 회의는 그 의도만큼 지속되어야 한다. 회의에 아무런 의도가 없다면 취소해야 한다. 우리가 의도를 분명하게 제시할 때, 조직의 사명에 부정적인 영향을 미치는 행동이 사라질 것이다.

존엄은 투자할 가치가 있다

사람들은 임금 인상보다 소속감을 느낄 수 있는 곳을 원한다. 이해하고, 이해받고, 자부심을 느끼며 일할 수 있는 장소를 원한다.

반대로 CEO가 자기 마음대로 권력을 휘두를 때, 사무실의 빌런이 이기적인 이유로 자신의 권한을 강화할 때, 일에서 인격적인 요소가 사라질 때, 사람들은 존엄을 빼앗긴다.

그리고 의미는 시들어 간다.

자유주의 시장에서 수익을 추구하는 신자유주의 기업가들은 단순한 기준으로 잔인해진다. 그들은 시장의 힘을 거스르는 자를 외면하고 제거할 때야말로 시장이 더 많은 사람에게 이익을 돌려줄 수 있다고 주장한다. 그러나 이러한 주장에는 인간의 열정과 헌신이라는 근본적인 가치가 빠져 있다.

변화의 기회를 발견하고 부여받을 때, 사람들은 종종 변화를 만들어 낸다.

인간의 존엄을 높이는 일은 도덕적 의무를 넘어서는 과제다. 동시에 그것은 경쟁 우위이기도 하다.

긴장은 스트레스와 다르다

스트레스는 두 가지를 동시에 원하는 불쾌한 느낌이다. 머물러 있으면서 이동하기, 목소리를 높이면서 뒤로 물러서 있기, '이것'을 하면서 '저것'을 하기. 스트레스를 받을 때 우리의 뇌는 행복을 파괴하며, 몰입과 기쁨 혹은 의미를 발견하지 못한다.

그렇다면 긴장은 어떨까? 긴장은 앞으로 나아가고 있다는 느낌이다. 긴장은 프레스필드가 말하는 저항의 증상이다. 긴장은 카운트다운, 마감 기한 혹은 예산이다. 긴장은 수수께끼의 대답이거나 가능성을 만드는 질문을 발견하는 과정이다.

우리는 긴장을 완화하는 법을 안다. 안심, 시간, 격리를 통해 긴장을 풀 수 있다. 손님의 요구를 충족시키고 우리의 요구를 완화하거나 평균에 만족할 수 있다.

그러나 긴장은 언제나 변화를 수반하며, 변화는 의미의 핵심이다.

긴장은 좋은 것이다. 변화는 우리가 무언가를 향해 나아가고 있다는 신호다.

그리고 긴장은 변화의 도구다. 우리는 긴장을 활용해서 변화를 이끌 수 있다.

79

실수는 앞으로 나아가는 길이다

우리는 결정을 내린다. 문제를 발견하고 해결한다. 그리고 결과물을 세상에 보여 주고 변화를 만든다. 이들 중 미리 정해져 있는 것은 없다. 어느 것도 설명서에 나와 있지 않으며 이전에 누군가가 해낸 적 또한 없다.

바로 그렇기에 가치가 있는 것이다.

길을 찾는 일은 의미를 통해 창조하는 핵심이며, 길이 아니었던 곳을 길이라고 명확하게 드러날 때까지 개척하는 것이다.

대충한다는 의미가 아니다. 정확하게 그 반대다. 이 과정에는 엄격함이 있으며, 가능성을 모색하는 의식적인 방식이기도 하다.

그렇다고 우리가 쓰레기를 보여 준다는 의미는 아니다.

우리는 종종 사적인 차원에서 함께 실수를 저지르고, 실험하고, 측정하고, 개선할 수 있다. 그 뒤에 결과물을, 자랑스럽게 여기는 결과물을 보여 줄 수도 있다. 그것을 관심을 가진 이들에게 보여 주고 다시 시작하자.

만약 일이 제대로 돌아가지 않는다면, 그건 충분히 열심히 노력하지 않는다는 말이다.

정찰병 꿀벌에 관한 여담

벌집이 벌들로 가득 차면, 1만 마리가 넘는 벌들이 단단한 공 모양을 이루어 나무에 모여든다. 그들은 이제 약 3일 동안(날씨에 따라 다르지만) 속이 빈 나무나 새로운 집을 지을만한 적당한 장소를 찾는다.

벌들이 무리를 이루자마자 수백 마리의 벌이 정찰을 나선다. 그들은 오후 동안 80제곱킬로미터에 달하는 지역을 정찰한다. 정찰병 벌들은 보고할 가치가 있는 지역을 발견할 때까지 여러 지역을 방문한다. 그리고는 무리로 돌아와 다른 벌들 앞에서 춤을 추며 자신이 발견한 장소에 대해 얼마나 흥분해 있는지를 정확한 위치와 함께 보여 준다.

그러면 여러 다른 벌들이 몇 분 만에 그 장소를 방문해 의견을 가지고 돌아온다.

하루나 이틀 후, 정찰병 벌들은 수백 곳을 방문하지만 그중 어떤 정찰병도 모든 후보지를 방문하지는 않는다. 그러고 나면 무리는 일제히 만장일치로 장소를 선택하고 무리를 이루어 빠른 속도로 이동한다.

정찰병 대부분이 이상적이지 않거나 선택받지 않은 장소를 방문한다. 그러나 그들 중 누구도 용인할 수 없는 실수를 저지르지는 않는다. 사실 벌집을 생존으로 이끈 것은 분명하게도 그들이 방문에 허비했던 시간이었다.

무리의 결정은 만장일치이긴 하지만 완벽하지 않을 수 있다. 그러나 완벽은 벌들의 목표가 아니다. 벌들의 목표는 가능한 시간 안에 최대한 좋은 장소를 발견하는 것이다.

책임을 떠안고 신뢰를 주자

억압과 통제의 뒤에 있는 세력은 조직표와 공식적인 권한을 매우 좋아한다.

그들은 직원들에게 지시함으로써 조직을 관리한다. 상사가 그들에게 권한을 줬기에 가능하다. 그러나 조직표는 쉽게 허물어지고 곧 다음 세 가지 문제를 낳는다.

1. 그저 맡을 일만 하는 사람은 결국 끔찍한 일을 하게 될 수 있다. 직원들에게 개인의 판단을 유보하고 상사가 시킨 대로 하라고 말할 때, 우리는 통제하는 힘을 가진 한 명의 개인에게 의존하게 된다.
2. '단지 지시를 따르는' 업무 방식이 늘 범죄로 이어지는 것은 아니다. 그것은 승객에게 별 관심이 없는 몇

시간 동안 활주로에 발이 묶인 비행기일 수도, 관리자가 지시를 내릴 때까지 그저 조용히 기다리는 기업일 수도 있다.

3. 중앙 집중식 의사결정은 특히 빠르게 움직이는 상황에서 지역에 분산된 고객들의 요구에 조치와 해결책을 제시해야 할 때, 일반적으로 느리고 비효율적이다. 지시 없이 행동할 수 없다면, 직원들은 지시 없이는 당연히 절대 움직이지 않는다.

대안은 책임을 떠안는 문화를 구축하는 것이다. 대부분 조직이 책임을 기꺼이 떠안으려 하는 이에게 책임을 부여한다. 그러나 우리 모두 직함이나 조직표상의 위치에 상관없이 리더십과 긍정적인 행동을 효과적으로 독려하는 법을 배워야 한다.

여기에 책임을 떠안는 것과 더불어 끊임없이 신뢰를 줘야 한다. 다른 이들에게 빛날 기회를 준다면 그들은 더욱 적극적으로 관계를 맺고, 여정에 뛰어들고, 꼭 필요한 다음 기회를 잡을 것이다.

81

일하는 사람 말고 일을 비판하자

말은 쉽다. 다만 행동이 어려울 뿐이다.

우리는 갓난아기 때부터 비판을 개인적으로 받아들인다. 우리 앞에 놓인 프로젝트와 그것을 만든 이를 구분하려면 끈기와 지혜가 필요하다.

개인적인 공격이라는 지름길은 너무나 일상적이다. 그래서 우리는 성과를 드러내고, 타인의 성과에 반응하고, 무엇보다 더 많은 피드백을 요구하기를 주저한다. 피드백은 비판처럼 느껴지고, 비판은 가슴 아프게 다가온다.

사실, 피드백은 선물이다. 특히나 관대하고 유용한 비판으로 변형된 피드백은 값을 매길 수 없이 소중하다.

개인을 깎아내리지 않으면서 개인의 결과물을 개선하는 방법을 이해하는 조직이 더 많은 가치를 창조한다.

전통적인 업무 환경에서의 피드백과 비판은 위협이다. 당연하게도, 우리는 상사와의 주간 점검과 회의 참여자들의 반응을 두려워한다! 비판이 해고로 이어지는 과정이라면(혹은 단지 그렇게 느낀다고 해도) 비판을 피하고 싶은 것은 인간의 당연한 본능이다.

우리는 어릴 때부터 피드백을 어떻게든 피하라고 세뇌당했다. 고개를 숙이고 있으면 아무 문제 없을 것이다.

그러나 중요한 피드백은 시장에 있다. 우리가 고객의 요구를 만족시키는 무언가를 만들 때, 그것을 또 한 번 만들 기회가 있을 것이다.

피드백 없이는 운전할 수 없다. 그러니 운전할 때는 도로를 느끼고, 경계석을 확인하고, 이중 황색 선을 넘어섰다는 사실을 확인해야 한다.

다른 이들을 위해 변화를 이끄는 일에도 똑같은 이야기를 할 수 있다. 시장으로부터, 동료로부터 얻는 피드백은 발전을 향한 유일한 길이다.

가치 있는 피드백은 개인적인 비판과는 다르다. 우리는 변화를 만든 사람이 아니라, 변화 자체에 주목해야 한다.

82

이직은 괜찮다

기업가들은 이직 문제를 해결하기 위해 오랫동안 노력해 왔다. 그들은 직원들이 더 나은 일자리를 발견하고, 다른 프로젝트로 옮겨 가고, 더 많은 것을 요구할 능력이 있다고 생각하기를 원치 않는다. 해고가 기업가의 손에 달려 있을 때는 문제가 없다. 그러나 누군가, 특히 떠오르는 스타가 자발적으로 떠날 때 기업가들의 힘은 위축된다.

통제력 상실에 더해서, 사람이 떠날 때는 모든 훈련과 전문성도 함께 떠난다.

이직에 대한 도덕적 금지는 산업 관리자의 힘을 강화해 준수를 추구할 때 그들에게 더 많은 권력과 영향력을 부여한다.

그렇기에 우리는 이력서가 많은 경력으로 가득한 이유를

근로자가 해명해야 하는 문화를 만들고 있다. 이러한 문화 속에서 고압적인 상사는 직원들을 마음대로 비판할 수 있지만, 어떤 직원도 동료를 위해 혹은 자신을 위해 목소리를 높이지는 못한다.

하지만 긱 경제gig economy(기업이 필요에 따라 임시로 계약을 맺고 일을 맡기는 경제 방식 – 옮긴이)가 상황을 완전히 바꾸었다. 거대 조직들이 기존의 사회 계약을 깨고 더는 장기적인 고용을 제공하지 않자, 근로자들은 스스로 문제를 처리하는 방식으로 맞섰다. 프리랜서와 긱 근로자 및 임시직 근로자들은 상사의 변덕에서 자유로운 경력을 만들어 낼 수 있다는 사실을 깨달았다.

여정에서 의미가 사람들의 상호 참여를 요구할 때, 근로자와 상사가 가치를 만드는 과정에 적극적으로 참여해야 할 때 이직은 핵심적 사안이 된다.

버스가 우리가 원하는 곳으로 가지 않는다면, 지금이야말로 버스에서 내려야 할 시간이다. 그러지 않으면 직원들이 불만 가득하고, 형식적으로 일하는 조직 문화가 이어질 것이다.

팬데믹 사태는 우리에게 모든 것이 프로젝트이고, 일상

은 소중하며, 내일은 한 번뿐이라는 사실을 상기시켰다.

이미 긱 문화 속에서 살아가고 있다면, 이를 받아들여야 한다. 우리는 팀원들에게 이렇게 말할 수 있다. "당신에게 도움이 되면 함께하고, 그렇지 않으면 떠나도 된다. 왔을 때보다 다양한 지식을 가지고 떠난다면, 그건 우리가 효과적으로 함께 일했다는 증거다."

직원들이 링크드인 프로필과 이력서를 계속해서 업데이트하게 격려함으로써 다른 선택권이 없어서가 아니라 자발적으로 팀에 합류했다는 사실을 분명하게 하자.

83

서로를 향한 존중

존중은 예외가 아니다.

존중은 최고 성과자만을 위한 게 아니다. 힘든 사분기를 맞이하거나 선적에 비상이 발생해도 존중을 멈추어서는 안 된다.

악당은 어디에서나 환영받지 못한다. 괴롭힘이 관계를 파괴하기 때문이다.

우리는 모든 팀원을 비롯해 이해관계자, 고객, 까다로운 고객까지도 신뢰해야 한다.

우리가 교류하는 이들은 처음부터 우리의 존중을 받을 가치가 있다고 기대해야 한다. 반대로 우리는 그들로부터 존중받아야 한다. 팀원은 함께 일하기로 선택한 이들로부터 존중받을 자격이 있다.

고객이나 투자자 혹은 경영자가 이 원칙을 무시한다면, 그들은 의미의 노래로부터 자신을 배제하기로 선택한 것이다.

조직은 상호 존중을 거부하는 이들을 위해 그리고 이들과 함께 일하지 않는다.

의미는 선택이다.

그리고 존중을 기반한다.

84

선택과 의무

2022년, 1년의 계획 끝에 저스틴 포르날Justin Fornal은 특별한 도전을 감행했다. 그는 0도에 가까운 물속으로 뛰어들어 캐나다와 그린란드 사이의 네어스 해협을 따라 10킬로미터 이상 헤엄쳤다.

그가 가져간 음식은 상했고, 접이식 카약을 탄 그의 유일한 라이프가드는 자칫 커다란 빙하에 부딪혀 전복될 뻔했다. 젖은 수영복은 이내 얼어붙었고 바다를 떠다니는 얼음 조각은 그의 진로를 방해했다.

그래도 포르날은 헤엄을 포기하지 않았다.

일이 아니라 선택이었기 때문이다.

의미 있는 일을 할 기회는 지시를 받았기 때문이 아니라 우리가 할 수 있는 데에서 시작된다. 그러면 우리는 기꺼이 여정에 뛰어들고 벌어질 일에 대한 책임 또한 떠안는다.

관심을 기울일 동기는 복종과 준수 그리고 '해야만 하는' 일에 직면할 때 사라진다. 그럴 때 사람들은 가능성을 받아들이지 않고 그저 비난을 면하기 위해 소극적으로 최소한의 일만 한다.

85

복종이 아닌 기준

기준 없이는 의미 있는 결과물이 계속해서 나올 수 없다. 우리에게는 일관적이고, 측정할 수 있고, 객관적인 품질 기준이 필요하다. 이 요건이 갖추어졌을 때 비로소 결과물의 기대를 설정하고 충족시킬 수 있다.

기준과 복종은 다르다. 복종은 개인적이고 지위를 기반으로 하며 일관적이지 않다. 복종은 그 자체로 목적이자, 직원들에게 중요성과는 관계없이 지시대로 모든 일을 처리하게 만드는 상사의 수단이다.

우리는 상사의 감시가 없는 곳에서 일할 때 기준에 주목한다. 상사의 감시하에 우리의 행동이 변한다면, 이유는 단순하다. 복종을 강요받았기 때문이다. 복종은 관리자의 의지와 힘에 관한 것, 기준은 조직의 가치에 관한 것이다.

"열정을 따르는 것은 사치다. 가치를 따르는 것은 의무다."

"열정은 변덕스러운 자석이다. 열정은 우리를 현재의 관심사로 끌어당긴다. 가치는 일관적인 나침반이다. 가치는 우리를 미래의 목적으로 향하게 만든다."

"열정은 즉각적인 기쁨을 가져다준다. 가치는 지속적인 의미를 선사한다."

__애덤 그랜트Adam Grant

86 읽기

당신이 의사결정을 내리지 않는다면 업무와 관련된 시스템, 데이터, 영향력을 이해할 필요가 없다. 단지 지시에 따라 움직이기만 하면 된다.

'순진한 무지'는 순종적인 직원을 위한 명예의 배지다. "내가 돈을 받는 이유는 생각하지 않기 때문이다."

반면 '의식적인 무지'에는 이익이 있다. 어쨌든 생각하지 않으면, 자기 행동에 아무런 책임을 지지 않아도 된다.

그러나 의미 있는 조직에서 사람은 중요한 요소이며 인간적인 지혜, 관심, 의지를 통해 각자 맡은 일을 처리한다. 이런 업무 환경에는 순종적인 사람이 끼어들 자리가 없다.

우리가 변화를 이끌어가는 동안, 규칙이 바뀌고 변화가 누적된다. 이 과정에서 중요한 것은 업무와 관련된 요소를 읽고 이해하는 것이다. 여기서 읽는다는 말은 단지 독서를 의미하는 것이 아니라, 사람들이 관심을 기울이는 대상을 이해한다는 뜻이다. 우리는 그 모든 것을 정리하고, 공유하고, 분석해야 한다.

워드프레스의 본거지라 할 수 있는 오토매틱의 설립자인 맷 멀린웨그Matt Mullenweg는 스스로 '읽고 쓰는' 문화를 구축했다고 말한다. 오토매틱에서 인력은 완전히 분산되었으며, 회의는 대단히 드물고, 개인적으로 일대일 이메일을 주고받는 경우도 거의 없다.

대신 직원들은 기존 업무를 이해하고, 맥락을 파악하고, 논의에 참여하고, 스스로 의사결정을 내려야 한다. 그러면 대가로 자율과 존중, 의미를 얻는다.

87

결과물을 보여 주기

읽기의 다음 단계는 자신의 결과물을 보여 주는 일이다. 다른 사람들이 읽고 배울 수 있게 말이다.

IT 기업 HP는 20년 만에 두 사람이 일하는 창고에서 전 세계의 기술 리더로, 가히 전설적으로 바뀌었다. 그 기간, 그들의 표준 지침은 퇴근 시 각자의 업무와 노트를 책상 위에 펼쳐 놓는 것이었다.

결론보다 중요한 것은 결론까지 도달하는 과정이다. 우리가 다른 사람에게 자신의 결과물을 보여 줄 수 없다면, 수직 체계 속 우리가 차지하는 지위는 아무런 의미가 없다.

자신의 의도와 방법, 기준을 분명하게 드러내는 것은 자신을 비판에 열어 두는 것이기도 하다. 하지만 이것은 분명히 개선을 위한 노력이다. 결과물이 개선될 때, 우리의 평판이 높아지고 선택권과 지위도 강화된다.

우리는 권력을 가진 자가 안전하다고 말하기 때문에 비행기를 타거나 다리 위에서 운전하지 않는다. 기꺼이 우리가 그렇게 하는 이유는, 공학 분야의 문화가 엔지니어들이 그들의 일과 일하는 방식을 공유하게끔 요구하기 때문이다.

지금 무언가를 만들고 있다면, 왜 개선할 기회를 외면하고 있는가?

88 개선하기

전 세계 사람들에게 "이것을 어떻게 다르게 만들 수 있을까요?"라고 질문했을 때, 연구 결과는 응답자의 90퍼센트 이상이 개선을 위한 아이디어를 낸다는 사실을 보여 준다.

개선하려는 것은 우리의 본능이다. 이러한 본능은 우리가 직접 만들었는지와는 무관하다. 오히려 자신이 직접 만들지 않았기 때문에 더욱 적극적으로 개선하려고 한다.

개선에는 분명한 세 가지 단계가 있다.

□ 읽기

□ 개선 사항을 전달하기

□ 결과물을 보여 주기

설계 목적을 정확하게 이해했다면, 자신의 의견을 공유하거나 수직 체계에서 지위를 활용하는 방법이 아닌 기존 작품을 객관적으로 발전시키는 방법을 제시함으로써 대상을 개선할 수 있다.

그렇게 점진적인 개선의 흐름이 시작되고, 계속해서 이어진다.

쓰레기를 발견하면 줍자.

그건 우리가 할 수 있기 때문이다.

정말로 중요한 기술에 주목하자

우리는 마치 볼링팀을 운영하는 것처럼 혹은 쉽게 측정할 수 있는 기술이 가장 중요한 기술인 것마냥 끊임없이 채용하고 교육한다.

무엇이 성공적인 조직을 실패로 몰아갈까? 왜 주가가 내려가고, 혁신이 더뎌지고, 고객이 떠날까?

우리는 특정 기술이 주요 원인이라고 진단할 수 있다. 프로그래밍하지 못하는 프로그래머를 채용하고, 판매하지 못하는 영업자나 설계하지 못하는 건축가를 고용하는 것은 낭비다. 이러한 기술(이를 직무 관련 기술이라고 하자)은 이제 채용 과정의 핵심이 되었다.

그렇다면 비슷한 수준의 직무 관련 기술을 지닌 사람들로 구성된 비슷한 기업들이 서로 다른 성과를 내는 사실은 어떻게 설명할 수 있을까?

학생들이 읽는 교과서와 그들이 치르는 시험들 대부분 직무 관련 기술에 관한 것이다. 이러한 기술은 일자리를 얻기 위해 표기해야 할 체크박스다. 그러나 우리가 '직무 관련'이라는 용어를 잘못 정의하고, 소위 이러한 핵심 기술에만 집중하면, 정작 다른 중요한 기술의 가치를 위축시킨다.

우리가 어떤 기술을 '소프트'라고 부르고 선택적인 것으로 치부하는 것은 그 기술의 가치를 충분히 인정하지 않는 것과 같다.

성공하는 조직과 실패하는 조직을 구분하는 실질적인 기준은 측정하기 힘든 태도와 절차, 근로자의 인식이다.

문화는 언제나 전략보다 중요하다. 생산적인 접근 방식이 사라진 측정 가능한 기술은 더는 큰 의미가 없다.

그리고 지금도.

기업들은 직무 관련 기술을 측정하는 데 엄청난 시간을 허비하고 있다. 그렇게 해온 100년의 역사가 있기 때문에 그리고 무엇보다 안전하기 때문이다. 이는 개인적인 일이 아니라 비즈니스다.

타이핑 속도는 쉽게 측정할 수 있지만, 열정과 의지는 평가하기 어렵다.

기업들은 직무 관련 기술의 성과에 매일 피드백을 제시하지만, 다른 기술의 성과는 연례 검토를 위해 미룬다. 충분히 측정할 수 있음에도 말이다.

그리고 항상 직무 관련 기술의 성과를 바탕으로 채용하고 해고한다. 반면 부정적인 사상가와 빌런, 게으름뱅이(측정 가능한 기술에 유능하다고 해도)를 내쫓기 위해서는 이사회의 결정이 필요하다.

자신이 추구하는 가능성이 실현되지 못하는 이유가 궁금하다면, 측정하기 쉬운 기술 말고 정말로 중요한 기술을 신중하게 들여다볼 필요가 있다.

6장

현실을 직시하자

:새로운 업무 방식을 위한 새로운 기술

"이미 선물을 받았음에도, 당신은 뭔가를 더 기다리고 있다."

__오라클 The Oracle

(영화 〈매트릭스〉 시리즈에 등장하는 프로그램 – 옮긴이)

정말 중요한 기술은 앞으로 나아가는 길이다

어떤 직원이 사무실에 있는 새 노트북을 매일 집으로 가져간다면, 당신은 그를 고발하거나 해고할 것이다. 경리 직원이 매월 돈을 횡령한다면, 똑같이 대처할 것이다.

하지만 만약 어떤 직원이 프로젝트를 망쳐서 팀 전체의 사기를 꺾을 때, 맡은 역할을 다하지 않을 때 혹은 사무실 빌런이 미래의 스타를 퇴사하도록 만든다면?

우리는 어깨를 으쓱하면서 그가 정년이 보장되어 있다거나 핵심적인 업무 관련 기술을 가지고 있다거나 아니면 그리 나쁜 사람은 아니라고 말한다.

그러나 그는 우리에게서 뭔가를 훔치고 있다.

여기서 핵심 단어는 '우리'다.

상사나 기업이 아닌 우리에게서 뭔가를 훔치고 있다.

그러나 우리가 현실을 직시하기로 했다면 상황은 달라진다.

모두를 위한 기준으로 정말 중요한 기술에 주목하고, 이를 강화하고 보상함으로써 말이다.

어떤 기술을 가르칠 수 있을까?

제임스 클리어James Clear는 헝가리 체스 교사이자 교육 심리학자인 라슬로 폴가르László Polgár에 관한 글을 썼다. 폴가르는 슬하에 둔 세 딸에게 체스 두는 법을 최고의 수준으로 가르쳤다. 분명하게 체스는 타고나는 재능이 아니라 후천적으로 배울 수 있는 기술이다.

업무 관련 기술은 가르칠 수 있다. 태어날 때부터 엔지니어링, 카피라이팅, 그래픽 디자인 기술을 아는 사람은 없다. 이는 배울 수 있는 기술이다. 그런데 우리는 의사결정, 열정적인 참여, 두려움과 함께 춤추기, 당당하게 말하기, 팀으로 일하기, 진실을 이해하기, 진실을 말하기, 다른 사람에게 영감을 주기, 요구받은 것보다 더 많을 일을 하기, 관심을 기울이기, 적극적으로 변화를 이끌기와 관련해서는 다르게 생각한다.

우리는 이런 기술을 익히는 데 많이 투자하지 않는다. 왜냐면 이런 기술은 타고나는 것이고, 배울 수 없다고 생각하기 때문이다. 어쩌면 재능에 가까운 것일지도 모른다. 그래서 우리가 '소프트 기술'이라고 부르고 중요하지 않다고 생각하면서 당장의 과제로 눈을 돌린다.

전반적으로 기업들은 채용 과정에서 소프트 기술에 주목하지 않는다. 직무 관련 기술이 훨씬 객관적이며 측정하기 쉽다고 생각하기 때문이다. 테스트하기 쉬운 기술일수록 채용 과정에서 더 중요하게 여겨진다.

그리고 기업은 소프트 기술이 부족하다고 즉각 해고하지는 않는다(재교육하는 경우는 극히 드물다). 그저 누군가의 심기를 불편하게 만드는 것은 아닌지, 인신공격을 했다고 지적받는 것은 아닌지, 가망 없는 일에 시간을 허비하는 것은 아닌지 걱정하기 때문이다.

그러나 소프트 기술 역시 체스나 타이핑처럼 얼마든지 배울 수 있다. 우리는 우연한 기회로, 교류를 통해, 교사와 부모, 상사의 도움으로 혹은 세상을 헤쳐 가는 동안 배운다. 측정하기 힘들다고 해서 배우거나 개선하거나 아니면 기존의 업무 방식을 바꿀 수 없다는 뜻은 아니다.

우리는 할 수 있다. 그러니 이제 더는 소프트 기술이라고 부르지 말자.

그것은 관계의 기술이다. 리더십의 기술이다. 카리스마와 성실함, 기여의 기술이다. 하지만 수식어가 아무리 적절하다고 해도 어떠한 방식으로든 직무 관련 기술로부터, 채용 과정의 기준이 되는 기술이자 학위를 평가하는 기술로부터 멀어지게 만든다.

지금부터는 '정말 중요한 기술'이라고 부르자.

그런데 정말 중요한 기술이다. 영향을 미치기 때문에 그리고 오늘날 우리가 필요로 하는 핵심이기 때문이다.

또한 직무 관련 기술이 있다고 해도 이러한 인간적인 기술, 다시 말해 프로그래밍 불가한 기술이 없다면 아무런 기여를 할 수 없기 때문이다.

물론 정말 중요한 기술로 직무 관련 기술을 대체할 수는 없다. 정말 중요한 기술로 우리가 할 수 있는 일은 이미 측정하고 있는 것들을 강화하는 것이다.

기존의 업무 관련 기술을 갖춘 팀원을 상상해 보자. 생산적이고, 노련하고, 경험 많은 팀원. 그리고 그 기술을 입증하는 이력서를 떠올려 보자.

그것은 훌륭한 기준이다.

이제 여기에 추가해 보자. 민감하고, 카리스마 넘치고, 의욕적이고, 집중하는 기술을. 목표를 세우고, 영감을 불어넣고, 열정적인 기술을. 관대하고, 공감하고, 일관적인 기술을. 그리고 끈기 있게 남의 말에 귀를 기울이는 기술을 말이다.

정말 중요한 기술을 지닌 사람이 합류하면 우리 조직에 무슨 일이 벌어질까?

92

먼저 해야 할 일

루 솔로몬Lou Solomon은 '하버드 비즈니스 리뷰' 기사에서 관리자의 69퍼센트가 직원과의 의사소통을 불편해한다고 지적했다. 나는 나머지 31퍼센트 중에서도 많은 이가 거짓말을 했다고 생각한다.

직원과의 의사소통은 불편하다. 그 원인은 의사소통을 어렵게 만드는 복종과 지배의 시스템에 있다. 기업은 직원들에게 출근할 때 인간성을 버리고, 권한을 통해 행동을 바꾸라고 지시했다. 그리고 중요한 가치를 창조하려는 인간의 욕망 위에 조직의 탐욕과 단기적인 사고방식을 뒤집어씌웠다.

관리자(아마도 높은 보수와 좋은 교육을 받고 기업의 성공에 핵심적인 역할을 하는)의 3분의 2가 중요한 업무에서 불편함을 느낀다는 사실을 고려했을 때, 어떻게 인간 중심적인 조직을 구축해야 할까?

미국 경영대학원 입학위원회는 최근 실시한 설문조사에서 MBA들이 분석적인 성향, 정량적인 전문성, 정보를 수집하는 기술은 뛰어나지만, 우리가 마찬가지로 중요하다고 여기는 다른 영역의 전략적 사고, 문자나 음성을 통한 의사소통, 리더십, 적응력은 부족하다는 사실을 보여 주었다.

두 가지 영역은 서로 배타적인 관계일까? 우리는 하나를 다른 영역의 하나와 교환해야만 하는 것일까?

정말 중요한 기술들의 근간은 하나다. 바로 서로 대화를 나누기 위한 신뢰와 관용이다. 관리하고 폄하하고 위협하고 통제하는 것이 아니라, 이해받고 이해하기 위한 신뢰와 관용이다.

직원들이 이해할 때, 그들은 여정에 뛰어들 수도 그렇지 않을 수도 있다. 참여할 수도 떠날 수도 있다.

그럼에도 불구하고 우리는 먼저 해야 할 일에 대해, 그 일을 중심으로 어떻게 교류할 것인지 분명한 태도를 보여야 한다.

93

자신만만한 코치의 힘

작가인 마이클 번게이 스태니어Michael Bungay Stanier가 지적했듯이 코칭 마인드셋coaching mindset이란 서로 신뢰하고 직접적으로 의사소통을 나누려는 태도를 말한다.

자신감 넘치는 코치는 고객, 운동선수, 학생을 잃어버릴까 염려하지 않는다. 그들은 확신과 격려로 사람들을 대하는 데 집중하고, 언제나 격려와 가능성을 위해 일하면서 불편한 순간을 만들어 낸다.

일반적으로 유능한 경력 코치는 관리자보다 유리한 위치에 있다. 자발적으로 고객이 참여하기 때문이다. 고객은 성취하고자 기꺼이 코칭에 돈을 내고 참여한다.

사람들을 이끌고자 하는 이라면 누구나 이러한 적극적인 태도를 보인다. 코칭에서 일하는 사람은 코치가 아니라 고객이다. 쉽지는 않지만 간단하다. 발전의 과정에 참여함으로써 변화를 향한 문을 열어 둔다.

스포티파이나 오토매틱과 같은 기업은 코칭을 업무의 일부로 전환함으로써 이를 보편화했다. 열정적인 참여가 있는 한 신뢰는 따라올 것이다.

코칭을 받는 것보다 더 중요한 것은 코칭을 받고자 하는 마음이다.

94 해리 브릭하우스의 질문

철학과 교수 해리 브릭하우스Harry Brighouse의 수업은 획기적이다.

수십 년 전 어떤 학생이 그에게 로스쿨에 등록했다고 말했다. 그 이유는? 영화 <하버드 대학의 공부벌레들>의 첫 장면에서 하버드 교수들은 학생들에게 '갑작스러운 질문cold call'을 던진다. 학생들은 언제든 아무런 준비 없이 대답해야 한다.

로스쿨을 등록한 그 학생은 모든 수업에서 모든 학생이 준비되어 있고, 귀를 기울이고, 강의의 일부가 되기 때문에 로스쿨에 매력을 느꼈다. 그래서 그녀는 더 많은 것을 배우길 원했고, 강의에 참여하고자 하는 학생들과 함께하기를 원했다.

그녀의 이야기에 영감을 얻은 브릭하우스는 소규모 학부

수업에서 그러한 갑작스러운 질문(그는 이를 'warm calling'라고 부른다)을 던져 보기로 했다.

그의 질문은 놀랍거나, 위협적이거나, 느닷없지 않다.

다만 하나의 특성일 뿐이며 학생들이 그의 강의를 듣는 한 가지 이유일 뿐이다. 동기를 부여받고 관계를 형성하고 싶은 학생들은 그의 수업을 통해 비슷한 사람들과 함께하게 된다.

독단적인 압박은 참여가 아니다

사업가 앨 던랩Al Dunlap은 직원들을 해고하고 가차 없이 몰아붙이는 방식으로 주식에서 뛰어난 실적을 올렸다. 그는 성과를 얻을 수 없을 때까지 자신의 방식을 고수했다.

월스트리트가 가장 사랑하는 인물인 잭 웰치Jack Welch는 유명하게도 매년 경영진의 10퍼센트를 해고하면서 10년마다 주가를 끌어올렸다.

그는 항상 '최악의 성과자'를 해고했다고 주장했지만, 그가 실제로 만들고 있던 것은 공포 문화였다. 그가 GE를 떠나자 껍데기만 남은 기업은 시들기 시작했다.

살아남은 이의 안도는 강력한 혁신과 회복력으로 이어지지 못한다. 세상이 변하지 않을 때 유일하게 효과 있는 것은 지름길이다.

"사기가 회복될 때까지 압박은 계속될 것이다"라는 슬로건이 실질적으로 힘을 발휘했던 적은 단 한 번도 없었다.

직원들에게 지시를 내리는 방식은 유연하면서도 강력한 시스템을 구축하기 위해 함께 의사소통하는 방식과 같을 수 없다.

96

리더십과 반대 의견

얼마나 많은 사람이 극장에서 "불이야!"를 외쳐야 영화 감상에 방해가 될까?

아마도 모든 사람에게 확성기로 크게 소리칠 필요는 없을 것이다. 자극적인 메시지는 크게 말할 필요가 없다.

그렇다고 해서 피드백이 필요 없다는 말은 아니다. 의미를 위해 리더와 공동체 전체는 더 나은 환경을 구축해야 하며, 더 나은 환경은 피드백에서 시작된다.

기회는 목표와 관련해 명확하게 드러난다. "이 버스는 옥스퍼드로 간다"라고 말할 때, 내릴 곳을 지나쳤다거나 반대 방향으로 탔다거나 혹은 늦었다고 사람들이 말할 수 있는 논의의 장이 열린다.

그러나 우리가 옥스퍼드로 가고 있다는 사실에 대해 칭얼

거리거나 불만을 드러낼 시간이나 여지가 없다. 신호는 분명하고 약속은 구체적이다. 현실을 직시하고 뛰어들자.

반면 독재적인 리더는 목적지로 가는 방법에 대해 닫혀 있다. 그들은 준수와 복종만을 원한다.

의미 있는 조직은 문화 그리고 목표와 조화를 이루며 그 결과, 우리는 혼자서 갈 수 있는 것보다 더욱 멀리 그리고 더욱 빠르게 갈 수 있다.

전문가는 '아니'라고 말해야 한다

과제 중심적인 노동은 단지 세부적인 사항에만 집중한다. 오로지 빠르고 값싸게 일을 처리하는 데만 주목한다.

그러나 전문가는 통찰력과 평판을 기반으로 일한다. 자신의 의견을 분명하게 밝히지 않는다는 것은, 그들이 힘들게 얻은 전문성과 권위를 포기하는 것과 마찬가지다. 반대 의견을 제시하거나, 계획을 수정하거나, 함께 가기를 거부한다면, 그들은 전문가가 되기 위한 힘든 일을 하는 셈이다.

리더에게 분명하게 말하고 비전을 보여달라고 요구할 때, 우리는 여정에 함께하거나 지지함으로써 그들의 용기에 보답해야 한다.

귀를 기울이는 위험한 행위

일을 통해 변화를 만드는 것은 고객과 동료들이 원하는 바를 성취하게 돕기 위함이다. 이를 위해서는 무엇보다 공감이 필요하다.

다른 사람들은 우리가 아는 것을 알지 못하고, 원하는 것을 원하지 않고, 보는 것을 보지 못한다는 사실을 이해하는 공감.

그리고 우리가 하는 일이 자신을 위한 것이 아니라 다른 사람을 위한 것이라는 사실을 이해하는 공감 말이다. 그렇기에 중년 남성이 팬티스타킹 회사에서 일하고, 성인이 유아용 장난감을 만들고, 건강한 종양학자가 암 환자를 돕는 일은 얼마든지 가능하다.

우리는 서로에게 말하고 귀를 기울일 수 있다. 또한 행사

하는 영향력에 대해, 창조하는 변화에 대해 배울 수 있다. 물론 이러한 공감은 위태로운 느낌을 주고, 우리를 얽어매고, 일을 현실적으로 만들고, 우리의 기대와 실제 행동 사이의 간격이 분명하게 드러나도록 만든다.

관계는 듣는 능력의 결과물이다. 귀 기울일 때, 우리는 신뢰를 얻고 관계를 창조한다. 그러나 두려움과 함께 춤을 출 정도로 관심을 기울일 때여야만 가능한 일이다.

"귀를 기울일 때, 우리는 관계 속으로 걸어 들어간다. 그것은 스스로를 옭아매겠다는 동의다. 우리는 관계 속에서 자신을 둘러싼, 보이고 보이지 않는 모든 존재와 더불어 상호 존중을 나누면서 살아가는 방법을 터득한다.

우리는 활동적인 관계 속에서 받으며 되돌려준다. 되돌려주는 것은 말 그대로의 형태를 취할 수 있고, 관찰하고 학습하고 부드럽게 교류하는 과정에서 자연스럽게 모습을 드러낼 수도 있다.

귀를 기울일 때, 이러한 이야기는 언제나 우리의 이야

기가 된다. 우리를 둘러싼 모든 것, 식물, 동물, 나무, 물, 공기는 우리를 위한 끈기 있고 적극적인 선생님이다.

귀를 기울이는 동안 함께 나눌 수 있다는 깨달음에 우리는 언제나 마음을 열어 놓아야 한다."

_크리스틴 루카사비치Christine Luckasavitch,
알곤킨족과 혼혈 정착민 교육자

명료함과 하지 않은 말

'손더sonder'란 결국에 모두에게 찾아오는 깨달음을 일컫는 말이다. 그 깨달음은 우리의 머릿속에 소음이 있는 것처럼 다른 이들의 머릿속에도 소음이 존재한다는 사실을 이해하는 것을 말한다.

우리는 말하거나 말하지 않기로 선택한 단어를 통해서 '자신의' 소음에 대처한다. 그리고 사람들은 우리가 하는 말을 듣거나 듣지 않기로 선택함으로써 '그들의' 소음에 대처한다.

우리는 의사소통을 하고 있다고 생각하지만, 사실 그렇지 않다.

의미 있는 일을 위해서는 우리가 만족하는 것보다 더 많은 공감을 개발해야 한다. 우리의 이해는 그들의 이해가 아닐지도 모른다.

다른 사람이 우리가 말하는 방식대로 듣지 않는다는 사실을 이해해야 한다. 어쩌면 우리와 함께하는 사람이 그가 했던 말과는 다른 뭔가를 의미했을 수도 있다.

현실을 직시하기 위해서는 컴퓨터를 프로그래밍하고 있는 것이 아니라 인간과 함께 춤을 추고 있다는 사실을 받아들여야 한다. 만약 분명하게 말하고, 구체적이고 친절하다면 좋은 출발을 한 셈이다. 우리가 모든 팀원에게 다가가 신뢰할 때 그리고 자신이 느낀 혼란에 대해 분명한 설명을 요구할 때 여정 속에서 겪게 될 고통, 혼란, 파괴는 줄어들 것이다.

파일럿들은 관제소와 의사소통하기 위해 대단히 구체적인 언어를 개발했다. 그리고 그 언어는 전 세계 모든 공항에서 통용된다.

명료함의 합의야말로 좋은 출발점이다.

100

앤트 헬렌은 강인했다

베어드 브라더스Baird Brothers는 미국 중부에 자리 잡은 성공적인 주택용 목재 판매장이다. 이 가족 기업에는 100명이 넘는 직원이 일하고 있다.

그런데 이 기업 이름에는 오류가 있다. 사실 베어드 브라더스를 설립한 첫 세대는 형제가 아니라 자매였다.

앤트 헬렌Aunt Helen는 베어드 브라더스가 성장하고 50년 넘게 성공을 이어갈 수 있는 기반을 닦은 인물이다. 그녀는 베어드 브라더스에서 지금까지 근속하는 많은 직원을 채용했다. 그리고 참여, 기대, 의미의 문화를 구축했으며 그 문화는 그녀가 일을 그만둔 이후로도 계속해서 이어지고 있다.

베어드 브라더스의 두 번째 세대를 이끈 리더는 헬렌의 조카인 로리 베어드Lori Baird였다. 그녀는 헬렌이 강인한 인물이었다고 평가하며 이렇게 언급했다.

"모든 것이 중요합니다. 여기서 모두의 일이 중요합니다."

그렇다면 헬렌의 어떤 면이 그토록 강인했던 걸까?

사실 그녀는 강인하다기보다 '합리적'이었다. 그녀는 모든 직원에게 그들이 중요한 일을 하고 있으며, 중요한 것은 기준이라는 사실을 분명히 밝혔다. 헬렌은 자신의 동기를 설명했고 기업이 한 약속을 모두가 지킬 때까지 멈추지 않았다. 그 약속은 명료함과 솔직함 그리고 직접적인 피드백이었다.

당신이 그러한 약속을 할 수 없거나 하지 않기로 선택했다면, 올바른 위치에 있는 것이 아니다.

의미가 있다고 해서 반드시 부드럽거나 온화한 것은 아니다. 의미 있는 일이란 해야 할 가치가 있는, 그리고 명료하게 설명 가능한 일이다.

신뢰할 수 없다면, 우리는 대체 뭐란 말인가?

7장

우리는 무엇을 만드는가 그리고 어떻게 설명하는가?

"거의 모두가 역경에 맞설 수 있지만,
개인의 성격을 시험해 보고 싶다면
그에게 권력을 줘라."

__에이브러햄 링컨Abraham Lincoln

101

우리가 만드는 것은 변화다

그리고 변화는 의사결정으로 이루어진다.

의사결정은 어렵다. 의사결정은 언제나 미래에 관한 것이며 타인이 관여하기 때문이다. 품질 개선이라는 뒤를 돌아보는 일과 다음에 벌어질 것에 대해 의사결정을 하는 앞을 바라보는 춤 사이에는 엄청난 차이가 존재한다.

변화를 만들 의지가 없다면 당신에게는 선택권이 없다. 산업적 관리를 통한 비용 절감이 유일한 길이다. 우리는 점진적인 개선을 통해 세계적인 수준의 시스템을 구축했다. 자동차, 컴퓨터 칩, 익일 배송 서비스는 실로 놀랍다.

그럼에도 기업들은 다음에 벌어질 일을 파악하기 위해 도약하고 통찰력을 얻는 과정에서 어려움을 겪고 있다. 바로 변화에 관해 이야기를 나누지 못하기 때문이다.

102

내 열정을 가로막을 수는 없다

어떤 사람이 의사가 되는 걸까?

2010년 아이티에서 지진이 발생했을 때, 조디 사고린Jodi Sagorin은 친구들에게서 돈을 모아 포르토프랭스로 갔다. 사고린이 고등학교를 갓 졸업했을 무렵이었다. 프로토프랭스에 도착한 사고린은 지역 주민들을 만나 그들이 이동식 고혈압 치료 센터를 시작하도록 도움을 줬다. 그 센터는 지금까지도 남아 있다. 나아가 그녀는 남은 돈을 간호 장학금으로 기부해서 지역의 의료 전문가들이 사람들을 돌보는 일에 평생을 바치기 위한 기술을 배우게 도움을 줬다.

의대를 졸업하고 수년간 수련을 거친 조디 사고린은 내가 아는 최고의 의사다.

그러나 미국 의료 산업이 의사들을 예측할 수 있고 수익성을 추구하는 산업으로 몰아가는 과정에서 봉사와 관계를 향한 그녀의 열정은 혹독한 시험대에 올랐다. 많은 산업이 그러하듯 미국 의료 산업 역시 헌신적인 의료 종사자들의 의미 있는 노력에 의존하는 방식이 신뢰할 수 없고 힘들다는 결론에 도달했다.

그래서 그들은 열정이 없는 사람이 프로젝트를 망칠 수 없도록 업무를 체계화하고, 측정하고, 무엇보다 분업화했다. 그들은 의사들이 변화를 만들기를 원치 않았다. 그저 기준을 충족시키길 원했을 뿐이다.

외부인이 보기에 열정적인 의사는 신선한 공기처럼 느껴질 수 있다. 하지만 의료 산업 전체로 보았을 때 소수의 열정적인 의사만으로는 성장할 수 없기에, 대신 의사가 시간당 더 많은 환자를 보고 주당 더 오랜 시간을 일하는 쪽으로 나아가고 있다. 그렇게 해야 계산이 더 쉬워진다. 열정적인 사람을 찾는 것보다 규모를 확장하는 편이 더 신뢰할 만하다.

그러나 나는 조디의 환자들의 생각은 다를 것이라고 확신한다.

103

연합

우리는 연합을 통해 복잡한 문제를 실행 가능한 시스템으로 바꿀 수 있다. 시스템은 일련의 규칙이자 의사소통 도구이며, 우리는 시스템을 기반으로 함께 일하고 가치를 창출하며 공동의 문제를 해결한다.

그 과정에서 우리는 다음 세 가지 문제를 극복해야 한다.

□ 혁신에 많은 요소가 관여되면 복잡해진다.
□ 복잡한 문제는 추적하기 힘들다.
□ 많은 팀원이 문제에 달려들면 의사소통이 어려워진다.

복잡하고 까다로운 문제를 해결하기 위한 분명하고도 빠른 해결책은 강력한 관리자가 책임을 지고 모두에게 지시를 내리는 것이다. 실제로 로버트 모지스Robert Moses(역사상 그 누구보다 더 많은 건축물이 두드러져 보이게 만들었던)나 지금은 사라진 독재자들에게 효과가 있었다.

그러나 이 방법은 장기적이지도 않고 확장하기도 힘들다. 문제의 복잡성, 방법의 취약성, 눈에 보이지 않는 요소에 대한 필요성으로 인해 한 명의 관리자(얼마나 의지가 강한지, 얼마나 가차 없는지와는 상관없이)가 상황을 헤쳐 가기는 필연적으로 어려워진다.

이에 대한 오늘날의 대안은 상호작용하는 다양한 시스템을 구축하는 것이다. 시스템은 네트워크상 단일 지점의 움직임과는 무관하게 발전하기 때문이다.

APIApplication Programming Interface(응용 프로그램 인터페이스 – 옮긴이)는 소프트웨어 엔지니어가 더 큰 시스템의 허락이나 특별한 권한 없이도 그 시스템과 상호작용하는 프로그램을 개발하게 하는 프로그래밍 방식이다. 오토매틱의 사람들은 API가 '긍정적인 의도를 가정하기assume positive intent'의 약자라고 말한다.

우리는 시스템 전반을 구축한 사람이 우리의 존재를 인식하지 못한 상태에서도 누군가에게 이메일을 보내거나 편지를 쓰거나 신용카드를 사용할 수 있다. 규칙을 따르기만 하면(소프트웨어에서 적절한 제목을 기입하거나 올바른 우표를 사용함으로써) 그 시스템 안에서 얼마든지 일할 수도 있다. 혹은 시스템이 우리를 위해 일하도록 만들 수도 있다.

예를 들어 은유적인 차원에서, 이 책을 당신에게 전달하는 과정에도 API가 존재한다. 인쇄소, 편집자, 도매상, 물류, 레코딩 엔지니어, 재고 관리자 등 모두는 뭔가를 만들어 내고 이를 소비자에게 전달하기 위해 특정한 규칙을 바탕으로 함께 작업하는 준개방 시스템의 일부다. 여기에는 중앙 집중적인 통제도, 승인하는 단일한 권한도 없다.

우리는 개방적인 API를 통해 연합을 형성한다. 연합은 중앙 집중적인 권한보다 훨씬 더 유연하고 서로에게 이익을 주는 의도적인 시스템이다.

지금까지는 건물과 건물을 관리하는 사람을 중심으로 기업이 조직된다는 이론을 바탕으로 개방적인 시스템이 조직 외부에서 작동한다고 생각했다. 그러나 기술과 커뮤니케이션 분야에서 최근 벌어지고 있는 변화는 생각을 바꾸고 있으며, 이는 곧 하나의 기업이나 공공기관이 이제 개방적인 시스템을 구축할 수 있다는 것을 의미한다.

미국에는 맥도널드 매장보다 더 많은 중국 식당이 있다. 그 이유는 간단하다. 중국 식당들은 일종의 연합이기 때문이다. 즉, 중앙 집중적인 조직이 아니라 열린 API다. 중국 식당의 문화와 사명에 동의한다면, 누구든 중국 식당을 열 수 있고 아무도 이를 막을 수 없다.

"나는 압박을 받거나, 분류를 당하거나, 승인받거나, 연동되거나, 요약되거나, 보고되거나, 수치화되지 않을 것이다! 내 인생은 내 것이다!"

_영화 〈넘버 식스〉

104 여행이라는 도전 (시작하고 멈추기)

의미는 변화를 말하지만, 변화는 위험한 느낌을 준다.

우리가 변화를 두려워하게 세뇌되었다면, 변화가 도박처럼 느껴진다면 안전의 노래가 더욱 유혹적으로 들린다.

그리고 변화는 지속되지 않는다. 사람들이 느끼는 두려움은 음악이 멈췄을 때, 그들을 위한 의자가 남아 있지 않을지 모른다는 것이다…. 물론 남아 있을 수도 있다. 모든 결과는 우리에게 제각각 고유한 도전 과제를 내민다.

'경력'이라는 세뇌는 안전의 유혹에 관한 것이다. 그것은 의자가 언제나 남아 있는 점진적인 발전을 말한다.

그리고 세뇌는 대기업이 계속해서 성장하는 한, 일자리가 안정적으로 남아 있는 한, 어제보다 조금 더 잘하는 한 효과가 있다.

그러나 기업들은 이미 몇십 년 전부터 경력에 대한 약속을 저버리고 있다. 그들은 직원의 헌신과 복종을 더는 중요하게 생각하지 않는다. 그리고 연금을 약탈하고 수천 명의 직원을 '감축'했다.

그 결과, 경력이라는 환상은 사기인 것으로 드러났다.

시작하고 멈추기를 반복하는 일자리의 회전목마가 마음에 들지 않을 수도 있다. 하지만 그게 우리의 현실이다.

어쩌면 우리는 회전목마를 사랑하는 법을 배울 수 있을지도 모른다.

상처받은 사람이 상처를 준다

관계는 깨지기 쉽다. 네트워크를 형성해 함께 프로젝트를 진행하는 동안, 우리와 함께 일하는 사람들은 다른 어딘가에서 와서 다른 일을 한다. 그리고 우리는 모두 오랜 삶에서 생겨난 근육과 상처를 지니고 다닌다.

의미 있는 일을 하기 위해서는 긴장, 변화, 시작, 끝의 전환이 필요하다. 우리가 했던 일은 우리가 하는 일을 바꿀 것이다. 우리가 하는 일은 우리가 누구인지를 바꿀 것이다. 이 흐름은 계속될 것이다.

리더십의 과제는 사람들이 이러한 역사를 긍정적인 방식으로 업무에 가지고 오도록 만드는 일이다.

의사를 찾아간 한 여성에 관한 오랜 농담이 있다.

"선생님 도와주세요. 남편이 자신이 닭이라고 생각해요."

의사는 언제부터 그랬는지 물었다. 그녀가 답했다.

"3개월 전부터요."

"왜 더 일찍 오지 않으셨어요?"

"달걀이 필요했거든요."

기업은 감시를 통해 조직을 비인격화하고 관리하면서 달걀이 필요하다고 주장한다. 그러나 이제 그들은 막다른 골목에 들어섰다는 사실을 깨닫고 있다.

그 대가가 연결의 결핍이라면, 결속의 결핍에 따른 드라마와 긴장이라면 달걀은 그만한 가치가 없을 것이다.

우리는 사람들에게 상처를 줬다. 그리고 그들이 다른 이에게 마찬가지로 상처를 준다고 해도 놀라지 않는다.

우리와 함께 일하는 모든 이에게는 저마다의 역사, 삶, 이야기가 있다. 우리는 그것을 너무나 쉽게 외면하고 그저 벽을 쌓는다. 옆자리에 앉은 사람을 너무나 쉽게 외면한다.

우리가 의미 있는 일을 하기 위해 모습을 드러낼 때, 인간에 내재된 상처 역시 모습을 드러낼 것이다. 우리의 과제는 경계와 기준을 마련하고 함께하는 이들이 맡은 일을 하게끔 만드는 것이다.

우리는 함께 무언가를 하기 위해 여기에 있는 것이다.

106 나는 지금 어떻게 하고 있는가?

100미터 허들 결승전에 참가한 선수는 자신의 기록을 정확하게 안다. 디지털 스톱워치는 절대 거짓말하지 않기 때문이다. 그러나 우리가 변화를 추구하거나 미래를 개척할 때는 객관적으로 측정할만한 기준이 없다. 그렇다 보니 자연스럽게 대체물을 찾는다.

“나는 지금 어떻게 하고 있는가?”라는 질문에 우리가 바라는 유일한 답은 “잘하고 있다!”라는 것이다. 하지만 그 대답은 더 발전하고자 하는 이에겐 별 도움이 되지 못한다.

필요한 것은 가짜 대체물이 아니다.

개인적인 공격도 아니다. 자신을 괴롭히는 문제에 대한 치료제도, 감정을 흘려보낼 통로도 아니다. 다만 앞으로 나아가도록 도움을 주는 피드백이 필요할 뿐이다.

107 얇게 조각내기

노사 갈등은 최초의 경영자가 최초의 근로자를 고용한 이래로 계속되고 있다.

사장은 더 적은 돈으로 더 큰 노력과 시간을 원한다.

근로자는 힘든 노동에 대해 더 많은 돈을 원한다.

기업가는 근로자로부터 힘을 빼앗고 싶어 한다. 기업가들은 지난 세기 동안 계속해서 승리를 거두었다. 노동조합은 힘을 잃었고, 개인은 톱니처럼 취급받았으며, 감시는 범위를 넓혀 왔다.

프레더릭 테일러와 그의 생산 라인 이후, 가장 효과적인 전략은 바로 업무를 최대한 얇게 조각내는 것이었다.

근로자로부터 힘을 빼앗는 방법은 전체 업무를 20개의 세부 업무로 나누고 각각의 세분화된 업무를 중립적이고, 값싸고, 비인격적인 기능으로 분산하는 것이다. 그것이 재봉기의 '단추 구멍 만들기' 버튼이든, 멀리 떨어진 지역에서 전화 응대하는 아웃소싱 콜센터 직원이든 상관없다.

이러한 분업화 방식은 그 효과가 다할 때까지 계속해서 이어진다.

그렇다. 한 사람이 자동차 부품을 생산하는 40단계 공정을 총괄하는 방식보다 40명의 생산 라인 직원이 한 가지 과제를 반복적으로 수행하는 방식이 더 효율적이다.

하지만 업무를 얇게 조각내면 직업 만족도와 통찰력, 혁신, 소비자 만족도는 떨어지기 마련이다.

한 명의 의사가 환자의 건강을 전담할 때, 환자는 더 빨리 회복된다. 한 명의 영업사원이 큰 그림을 이해할 때 소비자는 더 만족한다. 그리고 한 명의 담당자가 관계를 조율할 때 기부자는 더 행복해한다.

오늘날 우리는 얇게 조각난 수많은 업무를 처리할 수 있는 다목적 인공지능을 개발했다. 그러나 그 조각을 더 두껍고, 더 온전하고, 더 특별하게 만들 때 가치는 인간에게 남아 있다.

헬스장은 몇 시에 문을 엽니까?

새벽 다섯 시다. 내가 있는 곳이 어느 도시인지 잘 모르겠다. 그래도 나는 일어났고 강연을 하기 전에 운동을 하고 싶었다. 그래서 호텔 전화기 0번을 누르고는 프런트 데스크 직원에게 몇 시에 호텔 헬스장이 문을 여는지 물었다. 그런데 내 전화를 받은 사람은 프런트 데스크 직원이 아니었다.

심지어 그는 나와 같은 도시에 있지도 않았다.

대신 그의 화면에 매뉴얼이 떴고 그는 그것을 내게 그대로 읽어 줬다.

분명하게도 이 시스템은 메리어트와 같은 호텔 체인이 비용을 절약하는 하나의 방법이다. 그러나 분명히 만족스러운 일자리는 아닐 것이다. 게다가 내 전화를 받았던 직원은 컴퓨터/전화 소프트웨어가 자신의 일자리를 언제든 빼앗을 수 있다는 사실을 알고 있을 것이다.

그때의 경험은 내가 다음번엔 더 저렴한 호텔에 묵기로 한 이유가 되어 줬다.

바닥을 향한 경쟁은 이기기 힘들다. 그리고 승리했다고 해도 좀처럼 긍정적인 결과를 얻을 수 없다.

"내가 일주일에 실제로 일하는 시간은 아마도 15분 정도일 것이다. 내가 일하는 유일한 이유는 괴롭힘을 당하지 않기 위해서다. 즉, 일자리를 잃을지 모른다는 두려움 때문이다.
그러나 밥, 자네도 알다시피 그건 그저 해고되지 않을 정도로만 일하도록 만들 뿐이다."

_피터 기번스Peter Gibbons

109

가치 있는 일

재택근무를 원하는 전문가에게 우리는 무슨 말을 해야 할까? 혹은 흥미로운 일만 하려는 통찰력 있는 프로그래머에게는? 아니면 최저 임금밖에 받지 못하지만 스스로 중요한 일을 하고 있다는 느낌을 원하는 현장 근로자에게는?

키 입력을 비롯한 다양한 기준을 측정함으로써 사람들이 생산성을 높일 수 있게 관리할 수 있을까?

유명 비즈니스스쿨의 MBA 지원자가 25퍼센트나 줄어들었다는 사실에 대해 생각해 보자. 사람들은 이제 비즈니스스쿨 대신에 어디로 향하고 있는가? 왜 이제 경영 학위가 매력을 잃어버린 걸까?

우리는 사람들에게 가치 있는 일을 맡겨야 한다. 그리고 의미를 창조하는 법을 발견하게 해야 한다.

우리가 추구하는 변화는 무엇인가?

당신이 사라졌을 때 누가 당신을 그리워할 것인가?

당신이 하는 특별한 일은 무엇인가?

당신의 고유한 기술과 열정은 일을 더 효과적으로 하는 데 어떤 도움이 되는가?

이 일은 중요한가?

영향을 미치는 의사결정을 내리고 있는가?

의미는 높은 신뢰와 높은 보상이 만나는 지점이다. 의미 있는 일은 영향과 변화로 이어진다.

대개 그러하듯 여기에도 최적점이 존재한다. 신뢰나 보상이 너무 낮다면 그것은 사소한 일에 불과하다. 그러나 우리가 위험을 느끼고, 만족감을 얻지 못하고, 도움을 구하지 못하고, 실패할 위기에 처했을 때 신뢰와 보상은 너무 높아 보인다.

개입하되 너무 깊이 참견하지는 말자.

단어 목록

우리는 다음 단어들을 하루에 몇 번이나 사용할까? 이 단어들은 우리가 일을 우선시하고, 새로운 일을 선택하고, 새로운 직원과 소통하도록 하는 데 있어 얼마나 도움을 줄까?

산업 자본가들의 거짓 약속으로 우리는 편리성과 생산성, 이익, 준수에 관심을 기울인다. 우리의 문화가 새로운 길로 나아가도록 만들고 싶다면 아마도 우리가 사용하는 어휘부터 바꿀 필요가 있겠다.

연합	**정직**	**저항**
연결	**기쁨**	**안전**
창조	**리더십**	**의미**
존엄	**학습**	**지위**

발견	장기적	긴장
참여	개인적	신뢰
두려움	가능성	지원자
관용	회복력	

8장

길 찾기

“충분히 오래 걸었다면
언젠가 어딘가에는 도착할 것이다.”

__도로시 게일 Dorothy Gale

포에트리 슬램•을 할 때 스톱워치를 들고 오지 마시오

사라 케이Sarah Kay가 자신의 획기적인 구어시 "B"를 쓰는 데 얼마나 오랜 시간이 걸렸을까?

현대 경영의 아버지인 프레더릭 테일러는 어딜 가나 스톱워치를 들고 다녔다. 스톱워치야말로 중요한 모든 것이기 때문이었다. 시간과 행동을 연구하면 모든 작업 단계의 생산성을 높일 수 있다.

의미 있는 일에도 적절한 시간이 있다. 그리고 물론 시간은 중요한 요소다.

하지만 핵심은 스톱워치가 아니다. 우리는 변화를 만들어 내기 위해 지금 여기에 있다.

• Poetry Slam, 자신이 쓴 자유시를 역동적으로 낭독하는 행위 - 옮긴이

누가 다음 일을 결정하는가?

생산 라인에서 선택은 쉽다. 근로자는 무조건 다음 과제를 처리해야 한다. 콜센터도 마찬가지다. 전화는 아주 중요하며, 그것을 받을 사람은 다음 순번의 상담사다.

그런데 레스토랑에서는 무슨 일이 벌어지고 있는가? 요리를 주방에서 테이블로 가져가는 것이 레스토랑의 유일한 일인가? 서빙하는 로봇보다 중요한 가치를 창조하고 있는가?

직원(그들을 '웨이터'라고 부르는 것이 안타깝다. 기다림이 일의 전부란 말인가?)이 테이블로 올 때, 그들은 먼저 누구에게 말을 거는가? 어떤 긴장이 생기거나 완화되는가? 기대나 기억이 창조되는가?

좋은 레스토랑 경험과 훌륭한 레스토랑 경험의 차이는 요리와는 별로 관련이 없다. 훌륭한 서비스는 문제를 발견하고 그것을 관계와 기쁨, 기억을 창조하는 기회로 전환한다.

113

우리가 의사결정을 내린다면

의사결정이 업무보다 훨씬 더 중요하다고 생각해 보자.

오늘 내게 당신의 안건을 보여 주면 나는 당신이 가치 있다고 여기는 것을 보여 주겠다. 당신의 팀이 누구나 아는 방식으로 시간의 대부분을 잡다한 업무를 처리하는 데 할애한다면, 당신은 아마도 스톱워치 비즈니스에 있을 것이다. 그러면 가장 싸고, 빠르고, 신뢰할 만한 사람(혹은 컴퓨터)을 찾아서 생산 라인에 투입하면 된다.

그러나 변화를 만들고자 한다면, 우리가 할 일은 여기서 거기로 이동하는 것이다. 즉, 길을 발견하는 것이다. 다음에 해야 할 중요한 과제를 확인하고, 기회를 설명하고, 그것을 현실로 만드는 것이다. 당신이 길을 발견하는 사람이라면 그 일을 그렇게 부르고, 이를 위해 조직하고 평가하자.

114

전환과 새로운 길

과거에 스타벅스는 음료가 아니라 원두를 파는 기업이었다. 닌텐도는 놀이 카드를 판매했다.

그런데 왜 이를 전환이라고 부르는가?

바로 그것이 핵심이다.

모든 위대한 이야기에는 전환의 순간이 등장한다. 모든 존경받는 기업은 비즈니스를 시작했을 당시에 계획하지 않았던 무엇인가를 하고 있다. 그들은 변명을 만들어 내는 자가 아니라 길을 발견하는 자다.

9장

회의는 징조다

"행동은 회의보다 더 크게 말한다."

__리 클로우Lee Clow

115

회의는 문제이자 징조다

이쯤 되면 많은 경영자가 이렇게 말할 것이다.

"우리는 그런 환경에서 의미 있는 조직을 구축하는 과제를 무척 잘 수행하고 있다."

그러나 당신은 그런 환경에 있지 않다. 당신 자체가 환경이기 때문이다.

경영 예외주의에 호소하기는 매우 쉽다. 당신의 조직, 당신의 제품, 당신의 경쟁자 혹은 당신의 기업구조에 관한 문제 때문에 어쩔 수 없이 산업적인 방식으로 기업을 운영해야 한다고, 인간을 기억하기 위해 최선을 다하지만 너무 많은 외부 요인이 존재한다고 말하기는 쉽다.

그래서 회의를 고민해야 하는 것이다.

디지털 시대 이전에는 직접 만났다

이는 명백하고 진화적으로 확실한 사실이다. 어떤 기술도 끼어들지 않았다. 개인적인 만남은 정보를 전달하기 위한 유일하게 효과적인 방법이었다. 또한 문자가 발명된 이후로도 실시간으로 상호작용하기 위한 유일한 방법이었다.

그러나 이제 개인적인 만남은 마치 캐비어처럼 귀한 존재가 되었다. 대단히 드물고 소중하다. 그럼에도 우리는 기회를 낭비하고 있다.

비동시적으로 일어나는 의사소통이 실시간으로 이루어지는 대화를 대체했다. 편지와 전보가 일방적인 미사일이라면 전화 통화는 대화다. 팩스와 문자는 편지의 빠른 버전이다. 그리고 줌Zoom 통화는 전화 통화의 해상도 높은 버전이다. 대화와 연결은 어디에나 있다.

그런데.

산업적 관리는 특히 대화를 인정하지 않는다. 대화는 통제하거나 계획하기 힘들다. 효과적인 대화에는 상사가 지시하는 수직 체계를 허물어뜨리는 일정 수준의 평등과 관계가 필요하다.

그래서 산업 조직들은 회의를 더 선호한다. 그들은 회의를 대단히 효율적으로 운영한다. 산업적 회의에는 실질적인 만남이 많이 필요하지 않기 때문이다. 사실 회의는 몇 분간 진행되는 질문과 대답을 위한 그룹 강의다.

디지털 시대 이전에 '회의'는 통보의 기능을 했다. 회의는 직원들이 같은 생각을 하도록 만드는 신속하고 간단한 방법이었다. 또한 문화적으로 중요한 역할극 기능까지 수행했다.

여기서 왕의 역할을 맡은 사장은 직원들에게 상황을 설명하고, 권위를 내세우고, 지위를 굳건히 했다.

그리고 각자의 역할을 맡은 직원들은 존재를 숨기고, 머리를 조아리고, 들은 대로 움직였다. 다시 일학년으로 돌아간 것처럼 말이다.

줌이 낭비하는 시간

이제 우리는 회의를 하기 위해 더 이상 다른 사람의 일정을 방해하거나 따로 공간을 찾아야 할 필요가 없어졌다. 줌은 기적의 기술이다. 마음만 먹으면 공간은 전혀 문제가 되지 않는다. 팀원과 대화를 하고 싶거나 일정을 서로 조율할 필요가 있다면 줌이 모든 것을 해결해 준다. 줌을 사용하는 한, 녹화된 영상 메모는 강의를 실질적으로 대체할 수 있다.

회의를 다시 확인하고, 속도를 높이고, 기록할 수도 있다. 무료에다가 빠르고 간편하다. 3분이든 10분이든 곧바로 만날 수 있다. 혹은 영상 대화의 절반을 누구에게나 전송할 수 있다.

그런데.

전통적인 산업적 경영 조직은 공동의 목표를 위해 시간과 공간을 투자하는 대신에 두 가지 세상에서 단점만 골라 담았다. 직원들에게 물어보라(원래 '팀'이라고 말하려 했지만 그것은 그 단어의 진정한 의미를 왜곡하는 처사다).

줌 회의는 종종 최악의 회의일 뿐이다. 사람들이 참석하고 누군가는 강의하고 몇몇은 질문한다. 정확하게 30분이나 60분 후에 그들은 양해를 구한다.

대부분 설문조사에 따르면, 직원들은 줌 회의를 재택근무 중 최악의 요소로 꼽았다. 더군다나 그들은 사무실에서 일할 때보다 집에서 일할 때 회의를 더 싫어했다.

그 이유는 명백하다. 누구도 강의를 듣고 싶어 하지 않기 때문이다. 게다가 실시간으로 진행되는 강의가 대화인 척 가장할 때, 더욱 싫어한다.

회의의 사회적 역동성은 조직이 어떻게 돌아가는지와 관련해 엄청나게 많은 이야기를 들려 준다.

118

꿀벌 민주주의

벌집 속 10만 마리의 벌은 단 몇 주 동안만 함께 일한다. 이후 벌들은 72시간 안에 살아갈 새 보금자리를 선택해야 한다. 벌들은 어떻게 함께 뭉쳐서 그 중요한 의사결정을 내리는 걸까? 수많은 선택지와 의견 사이에서, 관리와 통제도 없는 상태에서?

벌들은 여왕벌을 수호하지만 사실 여왕벌은 아무런 권한이 없다.

코넬 대학교 생물학과 교수인 토머스 실리Thomas Seeley는 벌들이 의사결정을 내리는 과정에 관해 설명했다. 회의가 아니다. 문화다. 우리는 벌들에게서 인간에게 적용할 수 있는 세 가지 교훈을 얻을 수 있다.

1. 벌들에게는 분명한 의도와 기준이 있다. 실리의 연구는 각각의 벌들이 벌집을 지을 수 있는 장소에 아주 비슷한 반응을 보인다는 사실을 보여 줬다. 한 마리의 벌이 일관적인 판단을 내리기 위해 수백 곳에 달하는 장소를 모두 방문하지 않아도 된다.
2. 업무에서 갈등과 정치가 나타나는 이유는 사람들이 각자가 추구하는 바에 대해서 명확하게 이야기 나누지 않기 때문이다. 그들은 자신의 목표가 다른 이의 목표와 충돌할까 걱정한다.
3. 벌들은 뚜렷한 전략적 이유로 일대일 의사소통을 활용하도록 진화했다. 한 마리의 벌이 모든 다른 벌들에게 메시지를 전달하지는 않는다. 그들의 메시지는 수평적인 형태로 퍼져나간다.

MBA들은 파워포인트로 메시지를 제시하는 것만으로도 변화를 만들어 낼 수 있다고 착각한다. 그러나 문화는 언제나 전략을 이긴다. 유연한 조직에서 문화는 변화를 이끈다. 반면 경직된 조직에서는 문화가 변화를 가로막는다.

일에 관심 있다면, 문화에 집중해야 한다.

119

회의 없는 일주일

사람들이 회의 없는 일주일이라는 아이디어에 관심을 보이는 이유는 무엇일까?

재피어Zapier는 분산화된 조직을 갖춘 성공적인 웹 소프트웨어 기업이다. 그들은 실험 차원에서 일주일간 모든 정기적인 회의를 중단했다. 그리고 실시간 일대일 주간 회의나 전체 회의 대신 모든 직원에게 보고서, 데이터 업데이트, 질문 등의 방식으로 업무를 처리하기 위한 시간과 자유를 줬다.

그리고 그들은 실제로 업무를 처리했다.

일주일 동안 재피어의 팀들은 그들이 세운 목표의 80퍼센트 이상을 달성했다. 한 관리자는 이렇게 요약했다.

□ 주간 일대일 회의 대신 질문을 취합해서 슬랙Slack의

다이렉트 메시지로 상사에게 전했다.

□ 프로젝트 점검을 위한 회의 대신 모든 팀원은 아사나Asana 과제 목록을 이용해 각자의 업데이트 사항을 공유했다.

□ 일회성의 전략 회의 대신 직원들은 코다Coda 문서를 활용해 아이디어를 공유하고 의견을 제시했다.

□ 프로젝트를 시작하기 위한 회의 대신 프로젝트 관리자는 관련 자료 및 추후 일정을 공유하는 메시지를 슬랙으로 보냈다.

일주일 후 문화에도 변화가 나타났다. 팀원들은 회의에 참석하는(실시간 회의에 참석하기 위해서는 정해진 시간에 컴퓨터 앞에 앉아 있어야 했다) 대신, 실질적인 '기여'에 주목했다. 조직은 복종과 열정의 조합에 보상을 주는 것이 아니라 실질적인 업무에 집중하고 이를 처리하는 직원 개인에 주목했다.

우리가 회의 없는 일주일 동안 스스로 일정을 조율하고 자신의 성과에 뿌듯해하는 이들 중 하나라면, 그러한 일주일이 계속해서 반복되기를 원할까? 신뢰와 관계의 문화에 동참하기를 원할까?

진실은 단순하다. 회의 문화는 직원을 통제하고, 실질적인 관계를 쌓는 힘든 여정을 지름길로 대체하려는 것이다. 하지만 성과는 그리 좋지 않다. 필요한 성과를 만들어 내는 실시간 회의를 위해 누구도 감정적인 노동을 투자하려 들지 않기 때문이다.

회의는 잘못이 없다. 다만 게으르고, 비효율적이고, 모호한 잘못된 것들이 회의에서 비롯될 뿐이다.

회의는 무엇을 위한 것인가?

직원들에게 달력에 일정을 표시하고 실시간으로 함께 모이도록 지시할 때, 우리가 원하는 것은 무엇일까?

회의는 어쩌면 지위에 따른 역할을 강조하기 위한 수단일지 모른다. 즉, 직원들에게 상사가 상사라는 사실을 상기시키기 위한 자리일지 모른다. 상사의 시간은 소중하기에 그가 자기 생각을 말한다면 직원들은 언제나 실시간으로 앉아서 들어야 한다.

또한 회의는 서열을 명백히 밝히기 위한 자리이기도 하다. 누가 어디에 앉는지, 누가 질문을 하는지, 누가 침묵을 지키는지, 누가 지배적인 계급이나 문화적으로 우위를 차지한 계급인지.

그리고 회의는 기발한 아이디어와 날카로운 비판에 보상

을 주고, 다른 이들은 그저 어렴풋한 아이디어만 갖고 돌아가는 실시간 모임이다.

또한 회의는 미래의 책임을 면하려는 방안이기도 하다. 번듯한 프레젠테이션 자료를 남겨 둠으로써 어쩌면 나중에 처하게 될 곤경에 효과적으로 대처할 수 있다.

재택근무하는 직원들이 실제로 일하게 만들기 위해 회의를 하고, 직원들의 충성심을 확인하기 위해 페이스타임(참으로 적절한 이름이다)으로 하루를 보내고 있다면, 회의는 우리가 바라는 바를 정확하게 수행하고 있는 셈이다.

의미 있는 회의는 다르다

의미 있는 회의는 실시간으로만 가능하기에 실시간으로 진행된다.

의미 있는 회의는 모두가 듣고 모두가 말하는 대화다. 참석해야 할 사람만 참석한다.

의미 있는 회의는 정보의 전달이 아니라 의사결정으로 이어진다.

의미 있는 회의는 에너지를 파괴하지 않고 창조한다.

122

줌 협약을 위하여

당신이 우리가 말하는 동안 이메일을 확인하지 않기로 약속한다면, 우리는 당신의 시간을 낭비하지 않기로 약속한다.

당신이 내 눈을 바라보고 내가 하는 이야기의 핵심을 받아들이겠다고 동의한다면, 나는 간결하고 설득력 있게 말하고 핵심만을 전달하기에 동의한다.

당신이 이번 회의가 시간 낭비라고 확신한다면, 우리는 기꺼이 당신 없이 회의를 진행할 것이다.

당신이 나를 격려하고 관계에 열정을 보여 준다면, 나는 그것을 받아들이고 당신이 준 것보다 더 많은 에너지를 돌려줄 것이다.

회의의 목적은 구글 캘린더 초대에 할당된 칸을 채워 넣는 것이 아니다. 아이디어와 그에 따른 느낌을 공유하는 것이다. 그리고 대화를 통해 무엇이 빠졌는지 확인하는 것이다.

'그렇게 할 수 없다면 회의하지 말자.'

멀티태스킹(특히 회의하는 동안)은 생산적이지 않고 남을 존중하지도 않으며 건강한 습관도 아니다. 우리가 상호작용하지 않는다면 회의는 그저 시간 낭비에 불과하다.

당신의 지위와 통제력을 재확인하기 위한 회의는 내 하루의 한 시간을 빼앗아 갈 만한 가치가 없다.

123

오늘날 회의의 과제

팬데믹이 시작되기 오래전, 내 동료이자 친구인 알 피탐팰리Al Pittampalli는 자신의 베스트셀러 《모던미팅Read This Before Our Next Meeting》를 발표했다. 그 책은 회의를 강의에서 생산적인 대화로 전환하는 방법에 관한 간략한 지침서다.

책은 꽤 많이 팔렸지만, 알이 말한 핵심 기법을 실제로 받아들인 사람은 거의 없었다.

사실 사람들은 현상 유지에서 좀처럼 벗어나려 하지 않는다. 생산적인 대화를 이끌어 가기 위해 상사는 직원들이 자발적으로 참여하고 기여하게끔 안전과 성장 그리고 의미의 환경을 강력하게 구축해야 한다. 이 말은 단기적인 상태에서 벗어난다는 뜻이다.

그리고 직원들은 참여를 위해 기꺼이 뛰어들어야 한다.

그들이 쉬운 일은 뒤로 미뤄둘 만큼 충분한 안전함을 느껴야 한다. 그리고 권한이 없어도 목소리를 높이고 책임을 떠안을 정도로 과정을 신뢰해야 한다.

의미 있는 조직은 변화, 가능성, 책임을 제시한다. 그리고 전통적인 산업적 관리의 지배 없이도 참여하는 환경을 창조한다.

그러나 회의 문화는 의미 있는 조직을 허물어뜨릴 뿐이다.

10장

의미 있는 조직 창조하기

“더는 기다릴 필요 없다.
결정을 내리기만 하면 된다.”

124 의미를 향한 이정표

차이를 만드는 사람들을 끌어들이고, 힘을 실어 주고, 격려하는 조직을 구축하기 위한 간단하면서도 혁신적인 근본 원칙이 있다.

구체적으로 말하자면 다음과 같다.

---

1. 중요한 조직은 변화를 일으킨다.
2. 인간은 자원이 아니다.
3. 관리는 리더십의 동의어가 아니다.
4. 참여는 강압보다 강력하다.
5. 문화는 참여를 확장한다.
6. 가면 증후군에 걸린 사람을 찾자.

7. 리더는 문화를 위한 환경을 조성한다.

8. 19페이지는 문을 열어 준다.

9. 일하는 사람이 아니라 일을 비판하자.

10. 불확실성을 끌어안자.

11. 정의를 보류하자.

12. 신뢰하자.

13. 가짜 대체물을 조심하자.

14. 엄격한 기준

15. 핵심은 규모가 아니다.

16. 채용은 데이트가 아니다.

17. 긴장을 긍정적으로 활용하는 방법을 찾자.

중요한 조직은 변화를 일으킨다

변화는 일의 핵심이다. 산업주의는 변화를 두려워한다. 의미 있는 조직은 변화를 일으킨다.

우리는 외부 세상과 고객이 처한 상황, 내부적인 절차를 바꾼다. 그리고 우리가 만들어 내는 것과 만들어 내는 방식을 바꾸고 그 과정에서 영향을 미친다.

우리는 변화에 대해 사과하지 않는다.

변화가 핵심이기 때문이다.

126

인간은 자원이 아니다

인적 자원은 기계와 공급망 관리, 소송 전략에 투자하기로 한 사람들이 개발한 개념이다.

인간은 이용하고 극대화해야 할 기계가 아니다. 인간은 비용을 절감하고 관리해야 할 자원이 아니다.

인간은 인간이다.

인간은 우리의 동료다. 그들이 의미를 향해 나아가는 길을 발견하는 환경을 조성할 때, 우리 모두 번영을 누릴 것이다.

관리는 리더십의 동의어가 아니다

관리는 직원들이 어제 했던 일을 더 빠르고 더 값싸게 하도록 만드는 힘든 과제다. 관리를 위해서는 권한, 즉 관리자에게 힘을 실어 주는 수직 체계가 필요하다.

반면 리더십은 자발적이다. 자발적으로 이끌고 자발적으로 따른다. 리더십은 이전에 없었던 무엇을 상상하고 사람들이 여정에 동참하도록 초대하는 과제다. 자발적인 참여가 없다면 그것은 리더십이 아니라 관리다.

128

참여는 강압보다 강력하다

노련하고 열정적인 직원은 자발적으로 참여한다. 그들에게는 선택권이 있다. 이러한 점에서 복종을 강요하는 관리 방식은 열정적이고 참여하는 직원들이 업무를 조율하는 방식만큼 효율적일 수 없다.

노련한 리더의 과제는 참여하는 직원을 발견하고 힘을 실어 주고 강화하는 데 초점을 맞춘, 의식적인 문화를 창조하는 것이다.

129 문화는 참여를 확장한다

문화는 이 한마디로 이해할 수 있다.

"우리와 같은 사람들이 이것과 같은 일을 한다."

문화는 우리 주변에서 일이 돌아가는 방식이다. 관리와 준수의 문화를 구축하는 것은 쉽고 실용적이다. 반면 관계와 협력에 기반한 문화를 구축하는 일이 오히려 훨씬 어렵다.

관리자가 있어야만 처리할 수 있는 일이 있다. 그리고 자신에게 선택권이 없다고 생각하는 이들이 처리할 수 있는 일이 있다. 내면에서 동기를 발견할 수 없는 일을 처리하기 위해서는 외부에서 동기를 제공해야 한다.

그러나 이와는 다른 방식으로 더 많은 가치를 창출할 수 있다. 자신에게 선택권이 있다고 생각하고, 역량을 끊임없이 개선하고, 의미 있다고 느끼는 일에 뛰어드는 직원들을 통해서 말이다.

우리는 이러한 욕망을 수용하고 강화하는 시스템, 여정, 문화를 창조할 수 있다. 문화는 전략을 이긴다. 하지만 문화는 전략보다 까다롭다. 문화는 명료함, 열정, 일상적인 끈기를 요구한다.

단기적인 수익 목표를 달성하기 위해 참여를 희생하면서 지름길을 모색하는 순간, 의미의 문화는 심각한 타격을 입는다.

가면 증후군에 걸린 사람을 찾자

가면 증후군impostor syndrome(자신이 일군 성공을 스스로 인정하지 못하는 심리적 현상 – 옮긴이)은 실제로 존재한다. 이는 입증하기는 어렵지만 일을 통해 성과를 거둘 때 혹은 확실성이나 특권과 힘에 대한 내재적 확신이 없을 때 느끼게 되는 감정이다.

하지만 가면 증후군에 걸린 사람은 어떻게든 일을 해낸다.

의미 있는 조직은 변화를 일으키지만, 그 변화는 보장되거나 확실하지 않다. 쓸모 있기를 바라면서 동시에 스스로 사기꾼이라는 느낌을 받아들이는 가면 증후군에 걸린 사람 말고 누가 그 일을 해내겠는가?

의미의 문화는 가면 증후군에 걸린 관대하고 솔직한 사람을 배척하지 않고 받아들인다.

리더는 문화를 위한 환경을 조성한다

관리하지 않는 것이 리더의 일이다. 관리는 참여를 유도하지 못할 때 선택하는 쉽고 값싼 지름길이다.

문화는 전략이나 전술보다 더 강력하다. '이곳에서 일이 돌아가는 방식'과 '이와 같은 일을 하는 우리 같은 사람'을 조합할 때, 팀은 갑작스럽게도 기업가의 상상을 뛰어넘는 힘을 발휘하게 된다.

새로운 기회는 문화가 참여, 가능성, 변화를 받아들일 때 곧바로 모습을 드러낸다. 사람들은 일한다. 그것은 감시 시스템 때문이 아니라 그 일이 중요하고 그들이 원하기 때문이다.

132

19페이지는 문을 열어 준다

의미 있는 일은 종종 혼자서는 할 수 없는 사람들로 구성된 팀에 의해 이뤄진다.

고독한 천재에 관한 미신은 참여해 개선에 이바지하는 사람들의 역량을 가로막는다.

《우리에게 보통의 용기가 있다면》이라는 책은 40개국 300명이 참여해서 탄생한 결과물이다. 우리는 일찍이 19페이지 원칙이라는 것을 만들었고 이를 매일 활용했다.

그러나 19페이지 원칙은 한 개인의 작품이 아니다. 그 팀의 누구도 단 한 페이지를 작성하고, 편집하고, 사실관계를 확인하고, 설명할 수 없었다. 그러나 어떻게든 해내야만 했다. 그래서 몇몇 사람이 한 페이지를 시작했고, 다음 사람이 다음 페이지를, 그다음 사람이 그다음 페이지를 이어서 나갔다. 서로 다른 시간대에 사는 열두 명이 넘는 사람이 24시간 내내 일을 하면서 모든 페이지를 다듬고 개선했다.

19페이지라는 은유는 마비와 위압감, 완벽주의에 대한 해독제다. 이는 가면 증후군에 걸린 관대한 사람과 열정적인 기여자를 환영한다. 그러나 그들이 처음부터 그것을 완벽하게 만든 것은 아니다. 사실 그들도 불가능하다는 것을 잘 알고 있었다.

"나는 지금 이 작업을 마쳤다. 이제 다른 누군가가 이것을 더 좋게 만들어 달라."

거기에는 과정이 존재했고 사람들은 그 과정을 신뢰했다. 이를 통해 사람들은 움직였고 그룹의 목표를 향해 나아갔다.

작업을 개선하기 위한 기회는 풍부했고, 우리는 참여자를 비판하려는 유혹을 이겨냈다. 19페이지는 비난의 태도가 아니라 가능성의 태도였다.

"이 페이지는 충분히 좋지 않다. 아직까지는."

19페이지는 언제나 더 좋게 다듬을 수 있다는 점에서 사람들의 신뢰를 강화했다. 누군가 먼저 나서서 작업하면 다른 누군가가 등장해 그룹의 목표를 향하여 한 걸음 더 나아갈 것이다. 당신이 한 작업을 보여 줘라. 그리고 누군가 그 작업을 출발점으로 삼아서 다시 시작할 것이라는 사실을 이해하라. 그렇게 한 단계씩 나아간다.

이 책뿐만 아니라 오늘날 많은 작업이 바로 이같은 방식으로 이뤄진다. 누구도 한 가지 계획을 기반으로 나이키나 GE 혹은 구글을 세우지 않았다. 누구도 혼자서 위대한 조직을 구축할 수는 없다. 이 책의 프로젝트에 자발적으로 참여한 리더 중 한 사람인 앤 마리 크루즈Anne Marie Cruz는 19페이지 사고방식과 관련해서 네 가지 단계를 강조했다.

□ 단순화하기

□ 명료화하기

□ 분류하기

□ 결정하기

문제로부터 시작해서 이를 최대한 단순하게 만들어라.

다음으로 목표를 명료하게 세워라. 우리가 하는 일과 추구하는 변화, 그것은 누구를 그리고 무엇을 위한 것인가? 가장 까다로운 문제는 어떤 변화를 추구하는지 명확하게 정의

하지 않을 때 발생한다.

분류는 다음에 무엇을 할 것인지 이해하기 위한 작업이다. 주어진 과제들을 정리하고 중요하고, 까다롭고, 영향력 있는 부분에 먼저 집중하자. 핵심 과제를 처리하다 보면 그 밖의 나머지는 저절로 해결된다.

그리고 마지막으로 결정하라. 앞으로 나아갈 것인지 결정하라. 중요한 부분에 집중할 것인지 결정하라. 성과를 보여 줄 것인지 결정하라.

시간이나 돈이 다 떨어졌을 때, 비로소 결정의 순간이 찾아온다. 더 많은 돈과 더 많은 시간은 필요하지 않다. 단지 결정을 내리기만 하면 된다.

19페이지 사고방식의 목적은 사람들에게 도움을 주는 것이다. 이는 다른 사람의 말에 귀를 기울이라고 말한다. 그것은 영역이 아니라 관대함에 관한 것이다. 책임을 지는 것은 명성을 얻는 것보다 훨씬 더 힘들지만, 이를 통해 앞으로 나아갈 수 있다.

과거는 이제 사라졌고 19페이지 사고방식은 우리에게 다가올 미래를 개선할 기회를 제시한다.

벌들의 이야기로 돌아가 보자. 벌들은 태어난 지 얼마 지나지 않아 자신이 맡은 일을 시작한다. 모든 벌은 자신의 역할과 자신이 있는 공간, 자신이 미칠 영향에 대한 책임을 진다. 처음에는 서툴지만 결국에는 잘 해낸다. 그렇게 작업을 개선하고 의사결정을 내리는 과정을 통해 벌집은 영속하게 된다.

성장의 노래는 이러한 접근 방식의 점진적인 발전을 잘 보여 주는 살아 있는 사례다.

일하는 사람이 아니라 일을 비판하자

학교에서는 그렇게 말하지 않는다.

스포츠와 정치도 마찬가지다.

비판은 개인적으로 느껴진다. 키 큰 양귀비 증후군tall poppy syndrome(집단 내 재능이나 성과가 뛰어난 사람이 오히려 분노와 공격의 대상이 되는 사회 현상을 일컫는 말 – 옮긴이)은 전 세계적으로 나타나는 현상으로, 우리를 침묵하게 만든다.

사람들은 말한다.

"누구를 위해서라도 목숨을 걸지는 않을 거야."

산업적 관리의 패러다임 속에서 근로자는 어쨌든 낮은 성과를 피할 수 없고 상황은 더 힘들어진다. 일과 그 일을 한 사람을 구분하는 미묘한 노력과는 달리, 누군가를 실패자로 낙인찍는 일은 쉽다.

어떤 문화는 낮은 성과를 도덕적 결함에 따른 필연적인 결과로 인식한다.

그러나 이러한 생각은 유용하지 않을뿐더러 진실도 아니다. 혁신적인 성과는 사실 임의적인 사건(좋든 나쁘든)과 항상 연관이 있으며 개선의 여지는 언제나 남아 있다. 가치 있는 기여자는 항상 옳지는 않지만 계속해서 기여한다.

우리는 쓸모 있고 노련한 피드백으로 성과를 비판함으로써 개선할 수 있다. 반대로 일에 감정적으로 접근하고 결과를 개인에 대한 객관적인 평가라고 인식할 때, 우리는 발전 가능성을 가로막는다.

“내게 능력이 없는데 왜 굳이 기여해야 하는가?”라는 생각은 “무엇이 필요한지 분명하게 안다면 개선할 수 있을 텐데…”라는 생각과는 엄연히 다르다.

134

불확실성을 끌어안자

"모르겠습니다."

산업적 시스템 내에서 우리는 모르겠다고 말해서는 안 된다. 회의에서도, 계획을 수립할 때도, 이사회에서도.

하지만 명료함과 의도를 가지고 모르겠다고 말한다면 강력한 힘을 발휘한다. 이를 통해 우리는 다른 사람이 개입할 여지를 만든다. 그리고 보장 대신에 회복력에 대한 요구를 만든다. 또한 확신에 가득한 척하지 않고서도 앞으로 나아갈 수 있다.

우리가 미래에 대해 유일하게 할 수 있는 솔직한 말은 아무것도 확실하지 않다는 것이다. 이 말을 도구로 사용할 수 있다면, 우리가 추구하는 변화를 만들어 낼 수 있다.

정치 선동가는 불안을 이용하고 자신에게 확신이 있다고

사람들을 안심시킨다. 그를 믿기는 쉽다. 하지만 분명한 사실은 그들 역시 다른 사람들만큼 잘못을 저지른다는 것이다.

유연하면서도 실질적인 해결책은 가짜 확신을 멀리하고 불확실성에 따른 가능성에 마음의 문을 열어 놓는 것이다.

135 신뢰하자

캐나다 블로거 코리 닥터로Cory Doctorow는 적대적 상호운용성adversarial interoperability이라는 개념을 주제로 훌륭한 글을 썼다. 적대적 상호운용성이란 다른 조직이나 개인이 특별한 허락을 받지 않고서도 사용할 수 있는 시스템을 말한다.

우리는 식기 세척기에 어떤 접시라도 집어넣을 수 있다. 그리고 전기 콘센트에 어떤 전자기기도 꽂을 수 있다. 이를 위해 제품을 만든 기업이나 전기 회사로부터 허락을 구하지 않아도 된다.

나는 작업을 하기 위해 들고 온 드라이버를 사용할 수 있다는 사실을 안다. 이미 그걸 가지고 다양한 종류의 나사를 박아 봤기 때문이다. 그런데 어떤 상황에서 그 드라이버가 제대로 작동하지 않는다면, 나는 그 드라이버에 문제가 있다고 결론을 내리기 전에 아마도 다양한 방식으로 시도해 볼 것이다.

그러나 이와는 반대로 정보와 권력을 가진 폐쇄적인 시스템은 사람들이 볼 수 없는 무언가를 한다. 우리가 테스트할 수 없고 그래서 신뢰할 수 없는 무언가를 말이다.

조직이 너무 많은 통제력을 요구하다가 결국 무너질 때까지 그 시스템은 계속된다. 우리는 자신이 가진 소프트웨어를 페이스북에 연동할 수 없다. 혹은 자신이 가진 토너를 레이저 프린터에 쉽게 사용하지 못한다. 실제로 미국 정부가 AT&T에게 팩스와 모뎀을 비롯하여 그들이 승인하지 않은 다양한 장비를 사람들이 사용하도록 요구할 때까지 전화 시스템은 마비되어 있었다.

또한 우리는 허브티의 공급망이 어떻게 대형 호텔 체인에서 돌아가는지에 대해서도 똑같은 이야기를 적용할 수 있다. 호텔 체인은 그들이 외부의 공급 시스템과 직접 상호작용할 수 없다는 사실을 안다. 그래서 매일 실망한 고객들을 상대해야 한다. 그들은 이와 같은 상황을 개선할 수 없고 노력조차 하지 않는다.

사람들과 함께, 사람들을 위해 기능하는 시스템을 구축

하는 일에는 도덕적인 의미 외에도 경제적인 동기도 존재한다. 사람들이 당신을 믿을 때, 그들은 당신의 행동을 선의로 해석하려고 한다. 다시 말해 혼란스럽고 이해하기 어렵고 생소한 상황과 맞닥뜨릴 때도 사람들은 그것을 경계해야 할 위협이 아니라 자신이 (아직) 이해하지 못한 좋은 일이라고 생각한다.

선의와 관계에 기반을 둔 문화는 비밀과 이기심 그리고 권력에 기반을 둔 문화보다 더 유연하고, 더 빨리 움직이며, 더 생산적이다.

쌓아 두지 말자. 정보와 상호운용성, 접근 혹은 사랑을 쌓아 두지 말자.

이끌고자 한다면 신뢰를 얻어야 한다. 이를 위한 방법은 공식적이고 일관적인 방식으로 약속하고 그 약속을 지키는 것이다.

정의를 보류하자

과도기의 순간에, 즉 여기서 저기로 넘어가고자 할 때 우리는 미지의 것을 만나게 된다. 원하는 미래를 열어가기 위해 노력할 때, 모든 일은 필연적으로 계획에 따라 움직이지 않는다.

미래는 본질적으로 우리가 거기에 도착할 때까지 깨끗하고 밝은 곳이 아니다.

알렉산더 기법Alexander Technique(생활 습관을 바꿈으로써 심리적인 문제를 치료하는 기법 – 옮긴이)을 강의하는 토미 톰슨Tommy Thompson은 우리가 예상치 못한 것이나 알지 못하는 것과 만날 때 긴장을 받아들이고 새로운 상황을 익숙한 상자에 집어넣는 일을 보류해야 한다고 말한다.

무언가에 이름을 붙일 때, 우리는 그것을 대하는 방법을 알게 된다.

그러나 이름을 붙이는 행위는 옳을 때는 유용하지만 틀릴 때 문제가 된다. 무언가를 잘못된 상자에 욱여넣음으로써 그 실체를 이해하지 못할 위험에 처할 수 있기 때문이다.

게다가 이해하지 못하는 무언가의 존재를 경험하면서 느끼는 경외감을 방해할 수도 있다.

1990년대 초 인터넷이 세상에 모습을 드러냈을 때, 나는 내 팀원들을 돌아보며 이렇게 말했다.

"속도가 느리고 비즈니스 모델이 없다는 점 말고는 AOL이나 프로디지와 비슷하군."

내 상자는 우리 팀이 6개월 동안이나 웹을 외면하게 했고, 나는 수십억 달러의 대가를 치러야 했다.

"그게 뭔지 아직 확실하지는 않지만, 함께하면서 살펴봐야겠어요"라는 생각은 새로움을 흔한 것으로 억지로 바꾸는 대신, 행동과 놀라움을 향한 문을 열어 놓는다.

137

가짜 대체물을 조심하자

눈에 보이는 대상을 측정하기는 쉽다.

우리는 새로 나온 전기차의 랩타임이나 생산 라인의 결함을 측정할 수 있다. 그리고 소셜 미디어 팔로워 수가 얼마인지, 지난주 올린 수익이 얼마인지 측정할 수도 있다.

이는 누군가 간호사가 되도록 훈련하는 것보다 올림픽에 출전하도록 훈련하는 것이 더 쉬운 이유이기도 하다. 스톱워치로 성과를 평가할 수 있을 때는 논쟁의 여지가 별로 없다.

하지만 쉬운 측정에 의존한다면, 정말로 중요한 것들에 관해 이야기를 나누지 못한다. 과거를 돌아보는 것(무엇을 했는지, 어떻게 측정했는지)은 좋은 출발점이지만 우리가 해야 할 일은 미래를 내다보는 것이다. 어지럽고, 어두컴컴하고, 마술적인 공간을 들여다봐야 한다.

측정하기 쉬운 것은 별로 중요하지 않다. 경쟁자들이 우리보다 그 일을 더 잘할 것이기 때문이다.

그리고 측정하기 쉬운 대상은 어떻게든 측정된다. 개인의 카리스마, 업무 시간, 상사와의 관계, 중요한 실수, 추가적인 노력의 만성적 결핍처럼 말이다.

거대한 조직은 자산의 생산성을 어떻게든 측정하려고 한다. 그리고 인간이 값비싼 자산일 때, 인간에 대한 측정은 우선 과제가 된다.

나는 블룸버그에서 분당 키보드를 두드리는 횟수, 단말기 앞에 앉아 있는 시간, 심지어 화장실 가는 시간까지 측정했다는 이야기를 들었다.

그러나 이는 정확한 측정일 수는 있어도 유용한 측정은 될 수 없다.

조직의 일이 혁신과 관계, 변화의 창조와 관련된 것이라면 오직 인간만이 그 일을 할 수 있다. 여기서 인간을 측정 가능한 자산으로 바라보는 것은 중대한 함정이다.

그 대안은 문화 자체의 건전성과 성과를 측정하는 것이다. 그리고 리더가 참여와 열정, 영향을 미치는 일을 드러내 보이는 과제를 책임지게끔 하는 것이다.

138

엄격한 기준

의미 있는 조직은 변화를 만든다. 변화가 일어날 때마다 긴장이 고개를 든다. 편안함은 핵심도 목표도 아니다.

그린란드의 해협을 가로질러 수영하는 일은 쉽지 않다. 벌집을 돌보는 일 역시 쉽지 않다. 신생아를 먹이고 입히는 일도 그렇다. 그럼에도 인간은 언제나 이런 일을 한다. 보수나 상사가 없어도 말이다. 할 수 있고 중요하기 때문이다.

그 여정에 뛰어들기 위해서는 중요한 기준에 동의해야 한다. 타인을 괴롭히거나 무례하게 대하거나 자신의 지위를 과시하지 않겠다는 기준. 대신에 의미 있는 조직의 원칙을 이해하고 변화가 일어나게 하는 시스템을 받아들이겠다는 기준 말이다. 우리가 하는 일이 반드시 확실하고, 위태롭고, 개인적일 필요는 없다. 다만 그 일이 중요한 것이어야 한다.

139

핵심은 규모가 아니다

산업 시대, 규모의 경제는 대단히 매력적이었다. 더 많은 기계와 매출은 곧 더 많은 수익으로 이어졌고, 이는 다시 기계를 더 사들이고 매출을 더 올릴 수 있는 역량으로 이어졌다.

그러나 공동체와 혁신을 기반으로 의미 있는 조직을 구축하고자 할 때, 더 많은 직원을 추가한다고 효율성이 더 높아지는 것은 아니다. 오히려 그 반대일 수 있다. 페이스북이나 아마존이 한 번에 1만 명의 직원을 해고했을 때, CFO는 틀림없이 어딘가에서 직원을 인간이 아니라 자원으로 취급했을 것이다. 인터넷은 아이디어가 널리 퍼져나가도록 함으로써 거대한 규모의 문을 열었다. 왓츠앱이 10억 달러가 넘는 매출을 기록했을 때도 직원 수는 열아홉에 불과했다.

목표는 더 큰 것이 아니라 더 잘하는 것이다.

채용은 데이트가 아니다

우리는 가족과 보내는 시간보다 더 많은 시간을 일터에서 보낸다. 그래서 함께 일할 동료를 구하고자 면접을 볼 때, 그들이 좋아하는 부류의 사람을 찾는 것은 지극히 당연한 일이다.

채용 과정에서 사람들은 자신과 배경이 비슷하거나 심지어 외모가 비슷한 사람을 선택한다. 때문에 채용 과정은 효율성을 잃어버리고, 많은 시간을 잡아먹으며, 가능성과 유동성을 가로막는 장벽이 되고 만다.

결국 우리는 팀에 보탬이 될 사람이 아니라 면접을 잘 보는 사람을 뽑는다.

여기서 다시 한번 인터넷은 변화의 요인으로 작용하고 있다. 우리는 인터넷을 통해 더 많은 사람을 쉽게 살펴보고 그들이 과거에 어떤 일을 했는지 쉽게 파악할 수 있게 되었다.

갑작스럽게도 어떤 업무를 했었는지가 이력서보다 더 중요해졌다. 실질적인 업무 사례는 얼굴을 마주 보는 짧은 대화보다 더 효과적이다.

그러나 우리가 사람을 채용하기 위해 혹은 일자리를 구하기 위해 활용하는 시스템 대부분은 마치 데이트하는 것과 같은 오래된 채용 모델을 기반으로 삼고 있다. 우리는 가짜 대체물을 사용해서 이력서의 키워드를 검색한다. 예를 들어 아이비리그 졸업장이 업무 성과를 말하는 실질적인 기준이라고 착각한다.

그리고 방법과 여정에 대한 열정을 발견할 기회가 아니라 연봉이나 복지 혜택을 대체물로 활용한다.

그래서 우리는 결국 자기 일만 하는 동료, 직원을 자원으로 대하는 관리자, 복종과 감시를 일삼는 산업 시스템과 함께 일하게 되는 것이다.

재직 기간이 짧아지고, 중요한 교육이 빨라지고, 디지털 업무가 개인의 매력이나 카리스마의 중요성을 위축시키면서 우리는 사람을 채용하거나 기업을 선택하는 과정 전반에 대해 다시 생각해 볼 기회를 얻게 되었다.

가령 면접 기술을 바탕으로 채용을 결정하는 대신에 함께 프로젝트를 진행해 볼 수도 있다. 누군가 어떻게 일하는지 이해하는 최고의 방법은 그들과 함께 일해 보는 것이다.

간단하게 말해서, 우리는 《머니볼Moneyball》 문제를 갖고 있다. 《머니볼》은 오클랜드 어슬레틱스 야구팀의 기적을 주제로 마이클 루이스Michael Lewis가 쓴 책으로, 여기서 그는 메이저리그 야구팀들이 사용하는 수백 년 된 스카우트 시스템에 관해 설명했다. 야구팀 스카우트들은 선수들의 능력 및 성적과 관련해서 그들의 기대에 부응하는 인재를 물색한다. 이러저러한 프로필은 대단히 귀하기 때문에 이러저러한 선수들의 연봉은 높다.

그러나 어슬레틱스의 단장인 빌리 빈Billy Beane 그동안 간과했던 한 가지 수치가 실제로 특정한 성공을 예측하는 유일한 기준이라는 사실을 발견했다. 그리고 스카우트들(그의 판단에 반발했던)이 이러한 기준에 적합한 선수들을 주목하도록 압박함으로써 주어진 예산으로 세계적인 수준의 팀을 꾸렸다. 그러나 빈이 성공을 거둔 뒤에도 다른 야구팀 스카우트들은 여전히 기존 방식으로 선수를 뽑았다.

특정한 전통적인 자질을 갖춘 효율적인 톱니를 채용하고자 한다면, 우리는 다양성과 열정, 팀워크를 포기해야 한다.

그러나 이러한 방식은 수직 체계를 고수하고 유동성을 제한함으로써 우리의 업무에 큰 피해를 입힐 것이다.

직원을 채용할 때 사장이 거짓말을 한다. 거기에 지원자들은 거짓 대답으로 응수한다. 사장은 개성을 존중하는 매력적이고 인간적인 기업 문화를 강조한다. 하지만 그러한 문화가 목표가 아니라는 사실을 분명히 이해하는 지원자를 뽑는다. 그리고 지원자들은 일자리를 구할 때 자존심을 억누른다. 그렇게 하게끔 훈련받았기 때문이다.

이러한 기존 방식에 대한 대안은 시험 프로젝트를 통해 정말로 무엇을 줄 수 있는지 확인하기 위한 일련의 상호 약속이다.

앞으로 나아가기 위한 핵심 단계는 상호 신뢰의 길을 발견하는 것이다. 현실을 직시하고 뛰어들자.

긴장을 긍정적으로 활용하는 방법을 찾자

그들이 봉투를 열려고 하자 청중은 숨을 죽인다. 모두가 누가 승자인지 알고 싶어 한다.

긴장은 우리를 감싸고, 우리는 긴장이 해소되길 초조하기 기다린다.

운 좋게도 뉴욕에 있는 기후박물관을 방문해 본 적이 있다면, 당신이 했던 마지막 일은 아마도 의원에게 엽서를 보내는 일이었을 것이다.

기후 변화의 현실에 직면하는 것은 긴장을 불러일으킨다. 두려움과 함께 지금 벌어지고 있는 현상에 대한 부정적인 놀라움이 일어난다.

기후에 관한 대부분의 솔직한 논의는 이러한 무력감으로 이어진다.

“이제 어떻게 해야 하죠?”

긍정적이거나 부정적인 가능성에 직면할 때마다 우리는 이러한 질문을 던진다.

“우리가 하던 일로 돌아갈 수 있도록 제발 문제를 해결해 주세요.”

그러나 우리가 하던 일이란 게으름을 부리고, 하던 대로 하고, 시간을 낭비하는 것이었다. 우리는 전화를 걸고, 자신의 일을 하고, 또 하루를 낭비했다.

그러나 긴장은 이러한 상황을 바꾸고 있다. 의미는 변화를 창조한다. 그리고 변화는 긴장과 함께 춤추는 일이다.

사람들에게 엽서를 보내게 하고, 농담의 핵심을 서둘러 말하고, 미스터리를 해결함으로써 늦지 않게 긴장을 해소하는 일…. 그것은 낭비에 불과하다.

긴장은 좋은 것이다. 그리고 핵심이다. 줄이 팽팽해야 우리는 그 위에서 걸을 수 있다.

노크노크 농담knock(knock으로 시작하는 문답식 농담 – 옮긴이)에서 핵심은 “거기 누구예요?”라고 말한 뒤에 잠깐 뜸을 들이는 것이다.

그리고 우리는 시작한다

벌들은 기다리지 않는다.

벌들은 지시를 받을 때까지, 완벽해질 때까지, 시간이 흐를 때까지 기다리지 않는다.

그리고 우리 역시 마찬가지다. 오늘은 낭비해서는 안 될 시간이며 지금의 급박한 현실은 우리에게 발전의 기회를 보여 주고 있다.

의미는 가능성을 실현하는 풍성한 점진적 과정이다. 최소의 청중을 위한 최소의 쓸모 있는 변화다.

그리고 다시 한번, 인간성과 함께한다.

11장

빗자루

이 말은 당신을 위한 선물이다.
“나는 당신을 믿는다.”

__블레즈 파스칼Blaise Pascal

관리 vs. 리더십

관리자는 어떻게든 결함을 피하고자 한다. 그들은 생산성을 높이기 위해 애쓴다. 그리고 표준을 따르며, 하위 성과자를 내보내고 생산성을 떨어뜨리는 장애물을 제거하는 방법을 발견함으로써 최고의 실적을 거둔다.

전반적으로 그들은 평균 점수를 기록한다.

반면 리더는 더 높은 가치를 추구한다. 이전에 발견했거나 구축했거나 활용하지 못했던 가치를. 그들은 배경 음악이 아니라 모차르트를 추구한다.

언젠가 우리가 살아가는 문화는 그 두 가지 모두를 요구할 것이다. 그러나 그 차이를 이해하지 못할 때, 우리는 아마도 관리하고 지배적이고 편리한 이야기로 되돌아갈 것이다.

산업주의의 잔인함에는 기묘한 매력이 있다. 산업주의는

부를 창출하고 엔지니어링, 일관성, 소비자의 요구를 충족시키는 것을 중요하게 여긴다.

산업주의는 분명하고 쉽게 측정할 수 있는 목표를 달성하지만 아름다움은 좀처럼 만들어 내지 못한다. 아름다움은 종종 연결과 인간관계라고 하는 미스터리 속에 존재한다. 그리고 아름다움이야말로 핵심이다.

우리는 산업주의가 우리에게 주는 선물 때문에 산업주의를 받아들인다. 하지만 그 선물이 우리 삶의 목적이라는 주장에는 동의할 수 없다. 산업주의가 우리에게 제공하는 자원을 활용함으로써 성장과 관계를 위한 기반과 인간성을 창조할 때, 마술이 일어난다.

바로 인간성이라고 하는 마술이.

어쩌면 중요한 것은 노란 벽돌길

도로시는 늘 슬리퍼를 신고 있었다. 허수아비, 양철 나무꾼, 겁쟁이 사자는 행복을 위해 필요한 모든 것을 이미 지니고 있었다. 그리고 마법사에게는 빗자루가 필요 없었다. 그런데 왜 굳이 위험한 여행을 시작한 걸까?

물론 빗자루를 향한 모험은 맥거핀Macguffin(소설이나 영화에서 어떤 사실이나 사건이 매우 중요한 것처럼 꾸며 독자나 관객의 주의를 엉뚱한 곳으로 돌리는 속임수 – 옮긴이)이었다. 이야기를 이끌어 나가기 위한 비논리적인 핵심 요소였다. 비논리적인 이야기인 <오즈의 마법사>는 80년이 흐른 지금도 많이 기억되고 사랑받는 영화로 남았다.

기업의 수익은 도로시가 했던 여행의 핵심이 아니다. 이기적인 이익도 아니다.

그 영화가 사람들의 마음을 사로잡았던 것은 관계와 가능성에 관한 이야기를 들려줬기 때문이다. 그 이야기는 자신보다 큰 존재의 일부가 되고자 하는, 그리고 자신에게 이익이 되지 않아도 남을 돕고자 하는 우리의 욕망을 그려냈다.

144

무리의 경이로움

어느 날 당신은 올바른 시점에 올바른 장소에 있게 될 것이다. 늦은 봄날의 들판에서 성장의 노래에 둘러싸여 있을 것이다. 재클린 프리먼은 다른 집을 찾아 떠나는 1만 마리 벌들의 소동이 자신의 마음을 빼앗은 마법에 관해서 이야기했다. 벌들은 리더 없이도 질서 정연하게 움직이고, 무작위로 보이는 방향으로 무리 지어 빠른 속도로 날아가면서도 충돌하지 않으면서 목표를 향해 도약한다.

태어난 지 몇 주일 만에, 가능성을 향해 운명을 따르는 무리의 일부로 살아가는 벌들의 생애를 우리는 아마도 온전히 이해하지 못할 것이다. 하지만 벌들의 이야기가 말하는 교훈은 배울 수 있을 것이다.

우리의 역할은 단지 적응하고, 흉내 내고, 복종하는 게 아니다. 우리의 역할은 엄격한 지시에서 벗어나는 것이다. 벌집의 조화로운 활동과 움직임은 우리 모두를 위한 메시지다. 그리고 정말로 중요한 것을 되찾기 위해 문화가 만들어 낸 무력함에서 깨어나는 일에 관한 살아 있는 이야기다. 우리는 주체적인 인간성을 회복해야 할 뿐만 아니라 다른 이들도 따라오게끔 문을 열어 놓아야 한다.

기여하고, 성장하고, 관계를 형성하기 위한 기회를 만들어 준 것에 감사드린다.

끊임없이 이끌어 나가는 것. 그것이야말로 중요한 일이다.

의미는 우리가 얻는 것이 아니라
다른 이들을 위해 행하는 것이다.

감사의 글

"감사합니다"와 "미안합니다". 우리 문화에서 이 말들은 많은 의미를 담고 있다. 우리는 빚을 지거나 도움을 요청한 모르는 이에게 감사하다고 말할 수 있다. 문을 열어 주고, 불을 밝혀 주고, 또한 부탁하지 않았는데 나타나 주었으니 감사하다고 말할 수 있다. 그리고 어떤 피해를 직접적으로 주지 않았음에도 미안하다고 말할 수 있다. 이해를 주고받는 데 도움을 줬기 때문에 그리고 감사한 마음을 전하기 위해.

나보다 앞서 우리 모두가 가치 있는 무언가를 창조할 수 있는 기반을 마련해 준 리더와 작가, 기여자들에게 감사드린다. 내 실수를 선의로 이해하고 받아들여 준 사람들에게 감사드린다. 사실 그 실수는 종종(언제나 그런 것은 아니지만) 선의를 가지고 한 것이다.

그리고 인종과 성별, 계급, 사회적 지위로 차별당한 수많은 이들에게 미안한 마음을 전한다. 그들은 더 나은 대우를 받을 가치가 있는 사람들이었다. 땅을 빼앗기고 삶이 망가진, 노력에 대해 정당한 인정을 받지 못한 이들이었다. 마땅히 누려야 할 것을 누리지 못하고, 스스로 줄 수 있는 게 없다고 믿도록 세뇌당한 이들에게 미안한 마음을 전한다.

이를 바로 잡을 수 있는 쉬운 방법은 없지만, 우리는 문제를 이해하고 상황을 개선함으로써 시작해야 한다. 이제 우리는 80억 인구의 세상을 살아간다. 그리고 모두는(적어도 내가 만난 모두는) 특별하고, 창조적이고, 중요하고, 베푸는 일을 하고 있다. 적어도 한 번은, 혹은 종종 더 많이. 탈중심화된 가능성의 기반은 우리가 앞으로 나아가야 할 길이다.

칩 리처즈는 내게 성장의 노래를 불러 줬다. 그 노래는 다시 나를 재클린 프리먼과 그녀의 놀라운 책으로 이끌어 줬다. 앤 마리 크루스, 루이즈 카치, 에바 포드, TCN은 내가 19페이지 원칙을 개발하도록 도움을 줬다. 토머스 실리는 벌의 생애를 설명해 준 세계 최고의 전문가다. 댄 피츠제럴드와 알렉스 카는 내가 이 여정을 시작하도록 독려했고 그 중심에는 프랭키의 기억이 있다. 그녀는 많은 이를 위해 불을 밝혔

다. 프랭키에게 고마움을 전한다. 무척 그리울 것이다.♥

나는 모와 알렉스, 헬렌의 리더십 여정으로부터 많은 교훈을 얻었다.

버나뎃 지와와 브라이언&에이미 코펠만에게 감사드린다. 그들은 어떻게 바라봐야 하는지 이해했고 또한 지원을 아끼지 않았다. 그리고 최고의 통찰력과 기여에 대해서 스티븐 프레스필드, 마고 에런, 로리 설리번, 크리스틴 해처, 라몬 레이, 닐 파스리차, 배럿 브룩스, 애벌린 모리스, 케빈 켈리, 나자닌 애쉬, 윌리엄 로젠츠바이크, 토비 뤼트케, 피오나 매킨, 대니얼 부틴, 혼. 닐 로스, 할리 핀켈스타인, 린지 타웁, 카를라 버넌, 리치 롤, 케리 니우호프, 모리스 미첼, 쇼샤나 주보프, 팀 페리스, 애비 팔릭, 마이클 롭, 데비 밀먼, 코리 닥터로우, 크리스타 티펫, 재클린 노보그라츠, 벤 잰더, 조디 & 프레드, 메이핸 칼사, 마리 폴레오, 맷 멀린웨그에게 감사드린다. 용기와 열정 그리고 함께한 노력에 대해 미셸 키드 리에게 감사드린다. 그리고 지나 머피-달링, 레베카 슈워츠, 라이언 슐라이커, 에런 슐라이커, 리사 간스키(언제나), 스튜어트 크리체브스키, 로즈 마르카리오, 조하라 로텐버그, 존 애커, 팜 도먼, 캐리 엘렌 필립스, 로저 바이어, 조너

선과 오드리(섀크너) 번스틴, 드루 두사보, 에이드리언 잭하임, 조디 사고린 스팽글러에게도 고마움의 말을 건네고 싶다.

수전 피버, 스테프 코커, 대니 마이어, 아리 와인츠와이그, 더글러스 카디널에게 감사드린다.

나는 네이선 하비의 훌륭한 영화, <제로를 넘어서Beyond Zero>에 등장한 레이 앤더슨에 관해 배웠다. 그리고 미셸 포로, 제니퍼 마이어스 추아, 타니안 마리엔, 안나 코센티노, 토냐 다우닝, 마농 도란, 페이지 네잠, 린다 웨스텐버그, 패니 테오파니두, 리치 빌런, 재스퍼 크룬, 폴 맥가윈, 스티브 웩슬러, 안드레아 모리스, 펠리체 델라 가타, 비벡 스리니바산, 안나 콜러 스미스《우리에게 보통의 용기가 있다면》을 시작하고 힘을 실어 준 1,900명의 관대한 영혼에게 감사드린다. 샘 밀러, 마리 샤흐트, 윌리 잭슨, 멜 버처, 웨스가오, 알렉스 펙, 그레이든 섄드, 이시타 굽타, 프레이저 라록, 카를라 리시오, 앨런 쿠라스, 앤 셰퍼드, 알렉스 디팔마, 케냐 데니즈, 도나 에이브럼슨, 제프 켐플러, 알 피탐팔리, 켈리 우드 그리고 나와 함께 여정에 뛰어든 이들에게 감사드린다. 너무 늦기 전에 불을 밝혀준 톰 피터스와 리즈 길버트, 도사, 저스틴 브라이스에게 감사드린다. 나를 참아 줬던 페마 체드

론, 로즈 잰더, 사이먼 사인크, 데이비드 쿠르한, 아폴로니아 포일레인, 리즈 잭슨, 크리스티나 토시, 로한 라지브, 엘리 마크슨, 앤 마리 시칠리, 윌 구이다라, 스탠리 투시에게 고마움을 전한다. 함께 했던 조안과 레온, 마라, 맥스에게 감사함을 전한다. 물론 니키에게도 고맙다고 말하고 싶다.

그들이 내게 배운 것보다 나는 4만 명의 아킴보 졸업생들(그리고 그들의 알트 MBA 그룹)로부터 더 많은 것을 배웠다. 그리고 사람들이 더 나은 삶을 살아가도록 도움을 주기 위한 세계적인 프로젝트에 나와 함께한 코치와 리더들은 가능성과 관계 시스템의 공헌자들이었다.

내 블로그를 읽고 경험과 질문을 매일 함께 공유해 준 너그러운 이들에게 감사드린다. 이 책의 많은 부분은 내가 온라인에 썼던 글을 토대로 삼았다. 그리고 이들 모두의 도움이 없었더라면 불가능한 일이었을 것이다.

세라 캐시디에게 이 책을 바친다.

나는 숫자가 아니다.

_존 드레이크 John Drake

부록

정말로 중요한 기술의 백과사전

정말로 중요한 기술에 대한 검증된 분류법이 없다는 사실은, 크고 작은 조직들이 그들의 팀과 더불어 그러한 기술을 발견하고 개선하고 개발하는 노력을 얼마나 등한시했는지를 잘 보여 준다. 초고에서 나는 다섯 가지 큰 범주를 선택했고 각각의 사례를 제시했다. 그것은 제한적인 분류가 아니라 대화와 투자를 시작하기 위한 방법이었다.

그 다섯 가지 범주는 다음과 같다.

- 자기통제: 뭔가 중요하다고 판단할 때, 당신은 주의산만이나 나쁜 습관에 방해받지 않고 그 일을 꾸준히 할 수 있는가? **'단기적인 일이라는 느낌을 받지 않고 장기적으로 하는 것'**

□ 생산성: 자신의 수단에 능숙한가? 통찰력과 의지를 활용해서 실제로 상황을 개선할 수 있는가? **'업무와 관련되지 않은 과제를 처리하기'**

□ 지혜: 교과서나 설명서에서 얻기 힘든 것을 배웠는가? **'우리는 경험을 통해 어른이 된다.'**

□ 지각: 세상을 똑바로 바라보게 해주는 경험과 실천을 했는가? **'다른 사람들이 지적하기 전에 발견하기'**

□ 영향: 다른 사람들이 행동하도록 설득하기 위한 기술을 개발했는가? **'카리스마는 이러한 기술의 한 가지일 뿐이다.'**

자기통제

변화하는 요구에 대한 적응력, 예상치 못한 장애물에 직면하는 상황에서 민첩성, 재빨리 시작하고 중단하는 날렵함과 역량, 진정성과 일관적인 행동, 실패로부터 회복, 다른 사람을 코치하는 능력과 욕망, 협력하려는 마음가짐, 도움이 필요한 사람들에 대한 동정, 경쟁력, 약속을 지키는 양심, 고객 서비스에 대한 열정, 비판으로부터 배우려는 적극성, 감성 지능, 장기적인 지구력, 일에 대한 열정, 감시받지 않은 상황에서의 도덕적인 행동, 에티켓, 유연성, 친근함, 정직, 균형 있는 삶, 힘든 대화를 이끌어가는 기술, 새로운 도전을 향한 동기, 열정적인, 앞으로 나아가기 위한 자세, 목적, 영민함, 회복력, 위험 감수, 자기 인식, 자기 신뢰, 유머 감각, 단기적인 책략보다 우선순위에 집중하는 전략적 사고, 스트레스 관리, 변화와 불확실성에 대한 수용

생산성

세부 사항에 대한 집중, 위기관리 능력, 효과적인 의사결정, 생산성을 높이기 위한 권한 위임, 성실함과 세부 사항에 대한 집중, 기업가 정신과 용기, 논의의 활성화, 목표를 세우는 기술, 혁신적인 문제 해결 기법, 수평적 사고, 린 기법, 청취 기술, 관리, 회의 위생, 프로젝트 계획 수립, 문제 해결, 연구 기술, 기술 전문성, 시간 관리, 고장 수리

지혜

예술적 감각과 좋은 취향, 갈등을 해소하려는 본능, 도전 과제에 직면한 창조성, 단순한 복종이 아닌 비판적 사고, 까다로운 사람에 대처하는 기술, 힘든 상황에서 발휘하는 외교적 수완, 고객과 동료, 협력사에 대한 공감, 문화간 역량, 멘토링, 사교 기술, 신뢰를 기반으로 하는 관리

지각

디자인 사고방식, 패션 본능, 사람과 상황에 대한 판단, 지도 작성, 전략적 사고

영향

명료하고 유용한 비판을 제기하는 능력, 중요한 아이디어에 대한 확신, 보디랭귀지(읽고 전달하기), 카리스마와 타인에게 영향을 미치는 기술, 언어와 전망에서 명료함, 논쟁을 해결하는 기술, 이타적인 피드백 제공, 영향, 다른 사람에게 영감을 주기, 대인 기술, 리더십, 협상 기술, 네트워킹, 설득적인, 프레젠테이션 기술, 연설, 리프레이밍, 판매 기술, 스토리텔링, 인재 관리, 영향력 있는 글쓰기

정말로 중요한 기술을 과연 가르칠 수 있을까? 이러한 기술에 주목하고, 기술을 가진 인재를 채용하고, 성장에 보상할 수 있을까? 모든 영역에서 발전으로 이어질 프로그램이나 통찰력을 창조할 수 있을까?

그렇다면 그것은 중요한 일일까? 이러한 기술이 탁월한 조직은 더 생산적이고, 더 수익성 높고, 더 일하기 더 좋은 곳일까? 우리는 무엇을 기다리는 걸까?

무리가 새집을 향해 민첩하고 즉각적으로 움직인다. 수만 마리 벌들이 질서정연하게 한 번도 가본 적 없는 곳으로 날아간다.

더 가까이 들여다볼 때, 우리는 혼돈처럼 보이는 모습을 비로소 이해하게 된다. 어떤 벌도 계속해서 맨 앞에 머무르지 않는다. 빨리 나는 벌들이 앞뒤로 왔다 갔다 하면서 그들의 거류지와 그 중심에 있는 여왕을 보호하고 다른 벌들을 인도한다.

충돌도 막다른 길도 없다. 벌들은 일관적이고, 즉각적이고, 효율적으로 일한다. 리더 없이 질서를 유지한다. 각각의 벌은 이바지하면서 그들이 부르게 된 그리고 불러야 할 노래를 부른다.

그렇게 함께 이끌어 간다.

의미의 시대

: 세스 고딘이 말하는 일과 일터의 새로운 돌파구

1판 1쇄 발행 2023년 11월 7일
1판 5쇄 발행 2024년 1월 10일

지은이 세스 고딘
옮긴이 박세연

발행인 양원석 **편집장** 김건희 **책임편집** 서수빈
디자인 신자용, 김미선 **영업마케팅** 조아라, 이지원, 한혜원, 정다은, 백승원

펴낸 곳 ㈜알에이치코리아
주소 서울시 금천구 가산디지털2로 53, 20층(가산동, 한라시그마밸리)
편집문의 02-6443-8903 **도서문의** 02-6443-8800
홈페이지 http://rhk.co.kr
등록 2004년 1월 15일 제2-3726호

ISBN 978-89-255-7588-9 (03320)